서바이벌
융합 과학 원정대

❶ 고수들의 만남

통합 교과 맞춤형 과학 동화
서바이벌 융합 과학 원정대 ❶ 고수들의 만남

초판 1쇄 발행일 2014년 4월 23일
초판 3쇄 발행일 2022년 11월 10일

기획·편집 과수원길 글 황문숙 그림 안예리 감수 류진숙

발행인 윤호권 사업총괄 정유한
발행처 (주)시공사 주소 서울시 성동구 상원1길 22, 6-8층(우편번호 04779)
대표전화 02-3486-6877 팩스(주문) 02-585-1247
홈페이지 www.sigongsa.com / www.sigongjunior.com

ⓒ과수원길·안예리, 2014

이 책의 출판권은 (주)시공사에 있습니다.
저작권법에 의해 한국 내에서 보호받는 저작물이므로 무단 전재와 무단 복제를 금합니다.

ISBN 978-89-527-8023-2 74400
ISBN 978-89-527-8022-5 (세트)

*시공사는 시공간을 넘는 무한한 콘텐츠 세상을 만듭니다.
*시공사는 더 나은 내일을 함께 만들 여러분의 소중한 의견을 기다립니다.
*잘못 만들어진 책은 구입하신 곳에서 바꾸어 드립니다.

KC 마크는 이 제품이 공통안전기준에 적합하였음을 의미합니다.
제조국 : 대한민국 사용 연령 : 8세 이상
책장에 손이 베이지 않게, 모서리에 다치지 않게 주의하세요.

통합 교과 맞춤형 과학 동화

서바이벌 융합 과학 원정대

❶ 고수들의 만남

기획 과수원길 글 황문숙 그림 안예리 감수 류진숙

시공주니어

작가의 말

2011년에 세계 50개국을 대상으로 한 조사에서 우리나라 학생들의 과학 과목에 대한 자신감은 50위, 즐거움은 47위였어요. 왜 이런 일이 일어났을까요? 교과서에서 배우는 과학 지식이 우리 생활과 연결되어 있다는 생각을 못해 과학에 흥미를 느끼지 못하기 때문이에요.

이런 문제를 개선하려고 '융합 인재 교육(STEAM)'이 시작되었어요. STEAM은 Science, Technology, Engineering, Art, & Mathematics의 약자로, 과학, 기술, 공학, 예술, 수학 교과 사이의 통합적인 교육을 강조하는 거예요. 우리 생활과 관련 있는 주제에 스스로 관심을 갖고, 과학과 여러 과목의 지식을 융합하여 문제를 해결하는 능력을 키우는 교육이지요. 이 책은 이러한 융합 인재 교육에 딱 맞추어 여러분의 과학 공부를 도와주고자 많은 고민 끝에 탄생했어요. 여러분 또래의 주인공들이 펼치는 놀라운 모험을 함께하며, 과학과 예술, 사회 과목의 지식이 한데 어우러져 미션을 해결하는 멋진 경험을 통해 과학에 대한 즐거움과 자신감을 찾는 '감동 학습'을 담고 있답니다.

　이 책의 주인공인 온누리, 감성빈, 천재인은 우연한 기회에 한 팀이 되어 'SAS 서바이벌 킹 대회'라는 거창한 이름의 대회에 참가하게 되었어요. 음악, 미술, 체육에 뛰어난 감성빈은 멋 부리기를 좋아하고 매우 감성적인 데 반해, 까칠한 과학 천재 천재인은 냉철하고 이성적이어서 두 아이는 툭하면 부딪혔죠. 덕분에 정치, 경제, 역사, 지리 등 사회에 대해 모르는 것이 없는 온누리는 두 아이 사이에서 진땀을 빼곤 했어요.

　그런데 좋아하는 과목도, 관심 분야도 다른 이들이 준비도 채 안 된 상태에서 갑자기 온라인 예선을 치르게 되었어요. 예선에 나온 문제들은 과학과 예술, 사회 지식을 한데 모아야 해결할 수 있어요. 손에 땀을 쥐게 하는 위기의 순간마다 빛을 발하는 세 아이의 지식! 과연 이들은 예선을 통과할 수 있을까요? 여러분도 이들에게 힘을 보태 주세요!

이야기꾼 황문숙

작가의 말 4

제1장 SAS 서바이벌 킹 대회 – 모험의 시작 8

핵심 콕콕 사회   현명한 선택 40
핵심 콕콕 과학   물질의 상태 변화와 열의 이동 42

제2장 용의 눈동자를 그려라 – 온라인 예선 첫 번째 44

핵심 콕콕 미술   색의 혼합 70
핵심 콕콕 과학   식물의 이용 72

제3장   오염되지 않은 호수를 찾아라 – 온라인 예선 두 번째 74
    핵심 콕콕 사회   기호와 등고선 100
    핵심 콕콕 과학   산과 염기와 지시약 102

제4장   무서운 괴물을 물리쳐라 – 온라인 예선 세 번째 104
    핵심 콕콕 음악   음악의 빠르기 132
    핵심 콕콕 과학   심장과 맥박 134

찾아보기 136

제1장
SAS 서바이벌 킹 대회

모험의 시작

온누리에게 찾아온 뜻밖의 기회

"엄마, 수박 없어요?"

"없어."

"아이스크림은요?"

"……. 없어."

"너무 더운데! 오렌지 주스는 있죠? 빵이랑 먹으면 맛있겠다."

온누리 엄마는 대답 대신 마루에서 뒹굴뒹굴하는 온누리를 째려보았다. 방학한 지 일주일이 지났건만, 온누리가 한 일이라고는 책 읽으며 간식 먹기, 신문 읽으며 간식 먹기, 아니면 인터넷 뉴스 보며 간식 먹기

뿐이었다. 눈치 없는 온누리는 엄마의 곱지 않은 눈초리를 전혀 느끼지 못한 채 기분 좋은 듯 발을 까딱거리며 외쳤다.

"엄마, 빵 주세요. 빵! 빵!"

결국, 온누리 엄마는 빵 폭발하고 말았다.

"온누리, 아침 먹은 지 얼마나 되었다고 또 빵 타령이야, 응? 네 빵빵해진 볼 좀 봐! 건드리면 터질 것 같다, 야. 제발 온종일 드러누워서 인터넷만 보지 말고, 나가서 운동 좀 해!"

온누리는 애처로운 눈빛으로 엄마를 쳐다보았다. 하지만 엄마는 단호했다.

"온누리, 지금 바로 일어난다! 실시!"

잠시 뒤, 온누리는 줄넘기를 목에 건 채 대문 밖에 쪼그리고 앉아 있었다.

"아, 땀 흘리는 거 싫은데……."

엄마에게 등 떠밀려 밖으로 나오긴 했지만, 운동할 생각은 눈곱만치도 없었다. 그렇다고 딱히 갈 곳도 없었다. 친한 친구들은 어학연수를 갔거나, 가족들과 여행을 갔기 때문이었다.

하는 수 없이 온누리는 느릿느릿 일어나 동네 도서관을 향해 걸어갔다. 온누리는 도서관에 도착하자마자 위인전이 죽 꽂힌 서가로 가서 책 한 권을 꺼냈다. 전에도 수십 번은 족히 읽은, 빌 게이츠에 대한 책이었다. 그때, 누군가 말을 걸어 왔다.

"또 그 책을 보니? 빌 게이츠가 그렇게 좋아?"

뒤를 돌아보니, 온누리와 친하게 지내는 도서관 사서 언니였다.

"그럼요. 정말정말 존경하는 사람인걸요. 컴퓨터로 세상을 바꾸다니, 진짜 대단한 사람이에요. 살아 있는 역사잖아요! 저도 이런 역사적인 인물이 되고 싶은데. 죽기 전에 딱 한 번만 만나 보면 소원이 없겠어요, 헤헤."

사서 언니는 그런 온누리를 신기한 듯 쳐다보았다.

"너도 참, 아무리 봐도 특이하단 말이지. 그래서 말인데, 너한테 보여 줄 것이 있어."

사서 언니는 따라오라며 손짓했다. 온누리가 쫓아가자, 사서 언니는 책상 위에 있던 작은 책자 하나를 건네주었다. 책자의 표지에 크게 쓰인 제목은 이랬다. '꿈이 현실로 이루어지는 SAS 서바이벌 킹 대회-지구의 미래를 책임질 진짜 영웅을 찾습니다!' 너무나 거창한 문구에 온누리는 피식 웃음이 나왔다.

"이게 뭐예요?"

"초등학생을 대상으로 하는 일종의 퀴즈 대회인 것 같아. 대충 훑어 보니 가상 현실에서 시합하는 거라고 하더라. 재미있을 것 같지 않니?

 그리고 1등인 '서바이벌 킹'이 되면 우주여행을 보내 준대. 세상에, 1등 상품이 우주여행 티켓이라니!"

 "에? 정말요? 초등학생한테요?"

 온누리의 눈이 휘둥그레졌다.

 "응. 그리고 서바이벌 킹이 되면 또 한 가지 혜택이 주어지는데, 그걸 보니 네가 정말 좋아할 것 같더라고."

 "그게 뭐예요?"

 사서 언니는 환한 미소를 지으며 대답했다.

 "놀라지 마. 1등인 '서바이벌 킹'이 되면, 세계적인 컴퓨터 천재이자 경영자인 빌 게이츠, 세계적인 물리학자인 스티븐 호킹, 세계적인 축구

선수인 리오넬 메시 등 자신이 원하는 유명한 사람과 하루 동안 함께 지내면서 식사도 하고 이야기도 나누는 시간이 주어진대."

"우아, 정말요? 빌 게이츠와 하루를?"

이제 온누리의 눈빛은 책자를 뚫을 듯 번쩍번쩍 빛나고 있었다. 하지만 반대로 덜컥 겁이 나기도 했다.

"그렇게 대단한 대회에 제가 나갈 수 있을까요?"

"별다른 제한은 없는 것 같던데? 그리고 너만큼 정치, 경제, 역사, 지리 등 사회에 관심이 많고 아는 것도 많은 초등학생은 내가 본 적이 없어. 그러니까 자신감을 가지렴."

사서 언니의 격려에 온누리는 자신감이 생겼다. 그런데 문제가 또 하나 있었다.

"어? 혼자 참가할 수 있는 게 아니네요? 여기 보니 세 명이 팀을 이루어야 한다고 적혀 있는데요?"

"'SAS'가 'Science, Art, and Society'의 약어인 것을 보니, 과학하고 예술 쪽 퀴즈도 나오나 봐. 사회 분야는 누리 네가 뛰어나니까, 과학하고 예술에 관심 있는 친구랑 나가면 되겠다."

하지만 친한 친구들은 모두 집에 없고, 또 있다 해도 이런 대회에 관심을 가질 아이들이 아니었다. 온누리는 책자에 있는 빌 게이츠의 사진을 보며 안타까운 표정을 지었다.

'내가 1등을 한다는 보장은 없지만, 그래도 1등을 하면 빌 게이츠를 만날 수 있는데. 아, 빌 게이츠를 만날 수 있다면 정말 좋을 텐데······.'

도서관에서 나와 집으로 돌아가는 내내, 온누리는 아쉬운 듯 책자를 보고 또 보았다. 그런데 어느 순간, 이상한 느낌이 들기 시작했다.

'뭐지? 누군가 따라오는 것 같은데?'

그때, 온누리의 등 뒤로 기척이 느껴졌다. 누군가 온누리의 뒤에 바짝 다가선 것이었다. 머리카락이 쭈뼛 서고 온몸이 뻣뻣하게 굳은 온누리는 그 자리에 우뚝 서고 말았다. 그리고 동시에 등에 충격이 느껴졌다.

"으악!"

온누리는 저도 모르게 비명을 질렀다. 그러자 뒤쪽에서 볼멘 목소리가 들렸다.

"야, 갑자기 서면 어떡해!"

깜짝 놀라 뒤돌아본 온누리는 뒤에 있는 아이가 입은 옷에 또 한 번 놀라고 말았다. 아이돌 가수처럼 화려한 무늬가 인쇄된 티셔츠에 빨간 바지를 입은 요상한 차림이기 때문이었다. 온누리는 덜컥 겁이 나 꾸벅 고개를 숙였다.

"미, 미안해……요. 죄송해요."

"응? 웬 존댓말? 그나저나 온누리 넌 여전하구나. 아니다. 조금 더 예뻐졌나?"

잔뜩 긴장해 있던 온누리는 자신의 이름이 들리자 멍한 표정으로 고개를 들었다. 그리고 그 아이의 얼굴을 똑바로 쳐다보았지만, 너무 놀란 탓인지 누구인지 생각이 나지 않았다.

"누, 누구……세요?"

"뭐냐, 너? 나 감성빈이야, 감성빈!"

"감, 감성빈?"

"그 사이 내 얼굴을 까먹은 거야? 헐~, 말이 돼? 어떻게 그럴 수 있지? 이 잘생긴 얼굴을 까먹다니!"

"아! 설마, 새롬 유치원?"

그제야 정신을 차린 온누리는 배시시 웃음이 나왔다. 화가인 어머니와 기타리스트인 아버지 덕분에 어릴 적부터 남다른 패션을 자랑했던 감성빈. 그 독특한 패션 감각과 잘난 척은 예나 지금이나 똑같았다. 감성빈은 온누리와 같은 유치원을 다닌 친구로, 옆집에 살아 부모님끼리도 꽤 친했다. 하지만 초등학교 입학 전에 감성빈이 부모님을 따라 외국으로 가는 바람에 꽤 오랫동안 보지 못했다.

"진짜 반가워, 감성빈. 못 알아봐서 미안해. 하지만 나 정말 많이 놀랐어."

온누리가 사과하자 감성빈은 입술을 삐죽거리며 대답했다.

"몇 번이나 불렀는데 네가 못 들은 거야."

"그랬어? 몰랐어."

"도대체 그게 뭔데 그렇게 뚫어져라 보고 있었어?"

온누리는 손에 든 책자를 보여 주며 사정을 이야기했다.

"…… 그래서 꼭 참가하고 싶은데, 함께할 친구가 없어."

그런데 온누리의 설명을 듣고 생각에 잠겨 있던 감성빈이 혼잣말처럼 중얼거렸다.

"유명한 사람하고 사진을 찍으면 친구들이 두고두고 부러워하겠지?"

"뭐?"

"아, 아니야. 아무튼, 예술하고 과학을 잘하는 친구가 필요하다, 이 말이지? 그럼 내가 같이 참가해 줄게."

뜻밖의 말에 온누리는 어안이 벙벙해졌다.

"네가?"

"그래. 이 몸이 도와주겠다, 이 말씀이야. 내가 이래 봬도 엄마한테서 미술적 재능을, 아빠한테서 음악적 재능과 뛰어난 운동 신경을 물려받았거든. 게다가……."

갑자기 감성빈의 목소리가 작아졌다.

"독일의 음대 교수님이 내가 절대 음감이라고 놀라워했다니까?"

"절대 음감?"

"쉿!"

감성빈은 무슨 큰 비밀이라도 되는 양 온누리의 입에 집게손가락을 갖다 대었다.

"아무튼, 음악이면 음악, 미술이면 미술, 거기에 체육까지 날 따라올 사람은 없으니까 영광인 줄 알아. 게다가 멋진 외모까지 갖추었으니, 금상…… 금상…… 금상첨부 아니겠어?"

"금상첨화겠지."

하지만 감성빈은 온누리의 말은 들은 체 만 체 말을 이어 갔다.

"그나저나 또 다른 한 명은 누구로 하지? 과학을 잘해야 하잖아."
"사실, 아까부터 떠오른 애가 있긴 한데……."
"누군데?"
감성빈의 물음에 온누리는 한숨을 푹 쉬면서 대답했다.
"큰 기대는 안 하는 게 좋을 것 같아. 그래도 같이 만나 보지, 뭐."
"누구냐니까? 나도 아는 애야?"

과학 천재 천재인도 놀란 '현명한 선택'

온누리를 따라가던 감성빈이 갑자기 발걸음을 멈추고 소리를 빽 질렀다.
"천재인? 그 괴짜 천재인?"
온누리가 억지 미소를 지으며 고개를 끄덕였다. 그러자 감성빈은 두 손으로 얼굴을 감싸며 고개를 가로저었다.
"오, 노."
"하지만 그 애만 한 애가 또 생각나지 않아."
두 아이가 이야기하는 천재인은 온누리와 감성빈의 유치원 동창으로, 호기심이 많고 관찰력도 뛰어나며 무엇이든 실험을 해 봐야 직성이 풀리는, 초등학교 저학년 때 고학년 학생들까지 참가한 과학 경시 대회에서 상이란 상은 모조리 휩쓴 경력이 있는, 두말할 필요 없는 과학 천재이다. 하지만.

"그렇긴 한데! 그래도 걔는 너무 투덜거리잖아. 게다가 지금은 어떻게 변했는지 모르지만, 그 부스스한 머리에 촌스러운 안경까지! 정말 그때도 참을 수 없었어. 설마, 지금은 많이 변했겠지? 그렇지? 성격도 좋아졌지?"

감성빈은 제발 그렇다고 대답해 달라며 애절한 눈빛으로 온누리를 쳐다보았다. 하지만 온누리는 감성빈의 눈을 외면할 수밖에 없었다. 바로 그때였다.

"온누리, 우리 집 앞에서 뭐 해?"

호랑이도 제 말 하면 온다더니, 천재인이 나타났다.

"천, 천재인, 안녕?"

"우리 집에 온 거야? 그리고 얜……."

천재인은 두꺼운 안경 너머로 감성빈을 한참 뚫어져라 쳐다보았다. 그러자 감성빈은 긴장한 듯 허리를 꼿꼿이 세웠다.

"감성빈?"

천재인은 온누리와는 다르게 감성빈을 알아보았다. 그러자 감성빈은 기분이 조금 좋아진 듯 활짝 웃으며 인사를 건넸다.

"넌 날 기억하는구나. 오랜만이야, 천재인."

"3년 9개월 만이네. 그리고 넌……."

천재인은 감성빈을 아래위로 훑어보더니 한마디 툭 내뱉었다.

"여전하구나. 번쩍번쩍."

천재인의 직설적인 말에 감성빈의 얼굴이 붉으락푸르락해졌다.

"그러는 너도 여전하구나! 정이 뚝 떨어지는 말투하며 촌스러운 안경에 부스스한 머리까지!"

온누리는 두 아이의 대화를 들으며 한숨을 푹 내쉬었다.

'이럴 줄 알았어. 너희 둘은 어쩜 그렇게 똑같니.'

감성빈과 천재인은 유치원 때에도 만나기만 하면 서로 으르렁거렸다. 그리고 그때마다 두 아이를 어르고 달랠 수 있는 사람은 온누리뿐이었다.

"저기……. 우리 셋이 오랜만에 만나니까 옛날 생각도 나고 참 반갑다. 그치?"

온누리가 애써 밝은 목소리로 말했지만, 천재인과 감성빈은 흥 하고 콧방귀를 뀌며 고개를 돌렸다. 그러던 천재인이 뭔가 생각난 듯 온누리를 쳐다보며 물었다.

"근데 우리 집엔 무슨 일이야? 나 만나러 온 거야?"

천재인의 질문에 온누리는 될 대로 되라는 심정으로 책자를 보여 주었다. 그리고 셋이 함께 대회에 참가하면 좋을 것 같다고 말했다. 하지만 역시나, 천재인은 단칼에 거절했다.

"싫어. 방학에 참가해야 할 과학 캠프도 있고, 실험할 것도 많아. 그리고 난 사회나 예술은 관심 없어."

"아, 그렇구나. 난 1등 상품이 우주여행이라기에 네가 관심이 있을 것 같아서……."

"볼일 끝났지? 그럼 난 들어간다."

냉정하게 뒤돌아서는 천재인을 보며 온누리는 고개를 떨구었다. 그 모습에 감성빈이 난감한 표정을 지으며 천재인을 불렀다.

"천재인, 다시 한 번 생각해 보면 안 돼? 친구들끼리 재미있는 시간을 보낼 수 있을 텐……."

"난 생각 없다니까."

바로 그때였다. 골목 쪽에서 작은 여자아이가 소리를 지르며 우닥닥 달려왔다.

"오빠! 오빠아!"

그 아이는 천재인에게 곧장 뛰어와 큰일이라도 난 듯 호들갑을 떨기 시작했다.

"오빠! 나 만 원 줘! 만 원!"

"뭐? 나한테 그런 큰돈이 어디 있어?"

"안 돼! 지금 줘! 달란 말이야!"

"만 원이 왜 필요해? 엄마 오시면 달라고 해."

그 여자아이는 천재인의 아홉 살 난 여동생, 천재주였다. 온누리와 감성빈은 찬바람이 쌩쌩 불던 천재인이 여동생에게 쩔쩔매는 모습을 신기하게 바라보았다.

"엄마는 늦게 오시잖아! 나 오늘 미술 학원 준비물로 물감 사야 해. 그리고 저번에 윤정이한테 지우개 빌린 거 새로 사 줘야 하고, 그리고……. 어? 아, 맞다! 서현이가 필통을 샀는데, 정말 예뻐서 나도 살 거야. 그리고 지금 문방구에서 봤는데, 새로 나온 공주님 스티커도 사고 싶어. 오늘 학원 가서 친구들에게 자랑할 거야! 그리고, 그리고 아이스크림도 먹고 싶어. 아이스크림!"

천재주가 쉴 새 없이 말하며 천재인의 팔을 마구 흔들어 대는 바람에 옆에 있던 감성빈과 온누리도 정신이 반쯤 빠져나간 것 같았다. 결국, 천재인은 주머니를 뒤지기 시작했다.

"정말 너 때문에 미치겠다. 봐. 나에겐 이거밖에 없어."

"얼만데? 3000원? 그걸로는 안 돼! 으아아아아앙~."

천재주는 이제 길바닥에 주저앉아 울기 시작했다. 그 울음소리가 어찌나 큰지 온 골목길이 쩌렁쩌렁 울릴 정도였다. 하는 수 없이 온누리와 감성빈도 덩달아 주머니를 뒤졌다. 그러자 온누리에게서는 600원, 감성빈에게서는 1500원이 나왔다.

"천재인, 여기 2100원."

"어? 어."

천재인은 정신이 하나도 없는 듯 온누리가 준 돈을 덥석 받아 천재주에게 건넸다.

"그만 울어, 재주야. 자, 5100원. 이걸로 어떻게 안 될까? 응?"

"안 돼! 안 된다고! 만 원 줘! 마아아아아안 원!"

고집불통에 막무가내인 천재주 때문에 천재인은 식은땀까지 뻘뻘 흘리기 시작했다.

"우아, 쟤 장난 아니다. 천재인 동생 맞아? 둘이 너무 다른데?"

감성빈은 바닥에 앉아 악을 쓰는 천재주와 얼굴이 벌게진 천재인을 재미있다는 듯 쳐다보았다. 하지만 온누리는 천재인을 돕고 싶었다. 온누리는 슬그머니 천재주 옆에 쪼그리고 앉아 말을 건넸다.

"아유, 예쁜 옷이 흙투성이가 됐네. 이렇게 미술 학원 가면 친구들이 놀리겠다."

온누리의 말에 천재주는 발버둥을 멈추더니, 슬그머니 자기 옷을 바라보고는 작은 목소리로 대답했다.

"괜찮아. 옷 갈아입으면 돼."

"그래? 그럼 언니가 헝클어진 머리 예쁘게 빗어 줄까?"

온누리는 천재주의 머리를 쓰다듬으며 생긋 웃어 보였다. 그러자 천재주는 가만히 고개를 끄덕거렸다. 온누리가 천재주의 머리를 빗어 주러 천재주와 함께 천재인의 집으로 들어왔고, 그 바람에 감성빈도 얼떨

결에 따라 들어오게 되었다. 천재주가 어느 정도 진정된 듯하자, 온누리는 본격적으로 이야기를 시작했다.

"아까 들어 보니까 사고 싶은 것이 많던데, 5100원으로는 다 못 사?"

"응! 물감은 3000원이고, 지우개는 700원, 필통은 3500원, 공주님 스티커는 1200원, 아이스크림은 500원이야. 그러니까 만 원은 있어야 다 살 수 있어."

"다 합하면…… 8900원이네. 그런데 지금 당장 오빠한테 5100원밖에 없어서 많이 속상하겠다. 사고 싶은 걸 다 사려면 아무래도 엄마가 오실 때까지 기다려야 할 것 같은데?"

온누리가 이렇게 말하자, 천재주는 잠시 고민했다. 지금 당장 있는 5100원으로 물건을 사느냐, 아니면 엄마가 올 때까지 기다리느냐를 두고 갈등하는 것이었다. 고민하던 천재주는 결정한 듯 고개를 저었다.

"그건 안 돼. 엄마가 오실 때까지 기다리면 학원에 늦어."

그럴 줄 알았다는 듯, 온누리가 방긋 웃으며 말했다.

"그럼, 5100원으로 무엇을 사야 할지 함께 생각해 보자. 네가 잘만 선택하면 5100원으로도 오늘 하루가 아주 행복해질 거야."

"진짜? 어떻게?"

"가장 적은 돈으로 가장 큰 만족을 얻는 현명한 선택을 하면 돼. 우선, 네가 살 물건을 고르는 기준을 세워 봐. '지금 당장 필요한 건 뭘까?', '내가 가장 갖고 싶은 건 뭘까?', '가격에 비해 어떤 물건의 품질이 가장 좋을까?' 같은 거 말이야. 너는 어떤 기준으로 물건을 살 거야?"

"지금 당장 필요한 거."

"좋아. 지금 당장 필요한 물건이 뭐야?"

"오늘 미술 학원 준비물로 가져가야 하니까 물감이랑…… 스티커? 그리고 지우개랑 필통."

"그렇구나. 그중에서 딱 하나만 고른다면?"

"하나? 하나만 고른다면…… 물감. 안 가져가면 미술 학원에서 혼날지도 모르니까."

"좋아. 물감이 3000원이라고 했으니까, 그걸 사면 2100원이 남는구나. 물감 다음으로 당장 필요한 물건이 또 있어?"

천재주는 잠시 고민하더니 대답했다.

"지우개도 꼭 사야 해. 새로 사 주기로 약속하고 친구한테 새 지우개를 빌려 썼거든. 오늘 지우개를 안 주면 윤정이가 앞으로 나랑 안 놀지도 몰라."

"지우개는 700원이라고 했지? 물감이랑 지우개를 사면 1400원이 남네. 또 바로 필요한 물건이 있어?"

"글쎄……."

"물감이랑 지우개를 빼면 지금 당장

필요한 건 없구나. 그렇지? 그러면 뭘 사야 네가 제일 기분이 좋을까? 뭘 제일 갖고 싶어?"

온누리의 말에 천재주는 한참 생각하고는 고개를 갸우뚱거리며 대답했다.

"필통?"

"그래? 그런데 필통은 3500원이잖아. 남은 돈은 1400원이고. 어떡하지? 물감을 사지 말고 필통을 살까?"

"안 돼! 물감은 꼭 사야 해. 필통은 두 개나 있으니까, 안 사도 돼."

천재주는 어느새 스스로 '나에게 있는 물건인가? 꼭 필요한 물건인가?'라는 기준에 맞추어 살 물건을 선택하고 있었다. 온누리는 그런 천재주가 대견했다.

"그래, 필통이 두 개나 있는데 또 사는 건 좀 낭비인 것 같다. 그치?"

"응, 그리고 또 사면 엄마한테 혼날지도 몰라."

"맞아. 나도 있는 물건을 또 사면 엄마한테 혼나. 자원을 낭비하면 지구가 아프다고. 그러면 이제 네가 사고 싶은 것 중에 스티커와 아이스크림이 남았다. 어느 것을 사면 네가 더 행복하고 즐거울까?"

"어……. 스티커를 사서 공책이랑 필통에 붙이면 예쁜데. 친구들한테도 하나씩 나누어 주고. 하지만 아이스크림도 너무 먹고 싶은데. 힝, 뭘 사지?"

천재주는 스티커와 아이스크림을 두고 가장 오래 고민했다. 그리고 마침내 어렵게 결정을 내렸다.

"언니, 나 스티커 살래. 스티커가 아이스크림보다 더 좋을 것 같아."

"좋아! 그럼 지금 사러 가자."

온누리는 천재주와 함께 문방구에 가서 물감, 지우개, 공주님 스티커를 샀다. 천재주는 자신의 선택이 만족스러운 듯, 싱글벙글 웃으며 집으로 돌아왔다. 그 모습에 천재인과 감성빈은 안도의 한숨을 내쉬었고, 온누리는 뿌듯했다.

"재주야, 돈이 모자라서 다 살 수는 없었지만, 이렇게 기준을 세워서 물건을 선택하니까 훨씬 마음에 들지?"

"응, 언니! 그래도 300원만 더 있었으면 아이스크림도 먹을 수 있었는데, 너무 아쉬워."

천재주의 말에 온누리와 감성빈도 아쉬운 듯 고개를 끄덕였다. 그때, 천재인이 자신 있는 목소리로 말했다.

"아이스크림 먹을 수 있어. 내가 만들어 줄게."

얼음으로 우유를 얼려라!

천재인의 말에 천재주의 눈이 동그래졌다.

"진짜? 정말이야, 오빠?"

"당연하지. 오빠가 못하는 게 어디 있어?"

그리고 천재인은 부엌으로 들어갔다. 그 모습을 멍하니 보던 감성빈이 온누리에게 귓속말을 했다.

"집에 아이스크림이 있는 거 아냐?"

"에이~, 설마."

잠시 뒤, 부엌에서 덜그럭덜그럭 소리가 들렸다. 감성빈, 온누리, 천재주가 부엌 쪽을 바라보자, 천재인이 우유, 설탕, 얼음, 뚜껑이 있는 통을 식탁 위에 올려놓는 모습이 보였다. 호기심이 생긴 아이들이 식탁 주변으로 다가갔다.

"이걸로 아이스크림을 만든다고?"

감성빈이 묻자 천재인이 고개를 끄덕였다.
"응. 물질의 상태 변화를 이용하면 아이스크림을 만들 수 있어."
"물질의 상태 변화?"
세 아이는 이해가 안 간다는 듯, 서로의 얼굴을 쳐다보았다. 그러자 천재인이 차분하게 설명을 시작했다.

"물은 액체야. 그건 알지? 물을 얼리면 얼음이 되는데, 얼음은 고체지. 그리고 액체인 물을 끓이면 수증기가 되는데, 수증기는 기체야. 이렇게 같은 물질이 고체, 액체, 기체로 상태가 변하는 것을 '상태 변화'라고 해."

"아~, 난 또."

온누리가 멋쩍게 대답했다. 하지만 감성빈과 천재주는 여전히 이해가 안 되는 모양이었다.

"그건 알겠는데, 그거랑 아이스크림을 만드는 거랑 무슨 상관이 있어?"

감성빈의 질문에 대답하는 대신, 천재인은 우유에 설탕을 섞어 작은 통에 담은 뒤에 뚜껑을 닫았다. 그리고 얼음과 소금을 큰 통에 넣고 섞는 것이 아닌가?

"오빠, 얼음을 갈아서 아이스크림을 만드는 거 아니었어?"

"아니야. 난 얼음을 이용해서 우유를 얼려 아이스크림을 만들 거야."

천재인은 우유와 설탕을 섞은 작은 통을 얼음과 소금이 든 큰 통에 넣고 큰 통의 뚜껑을 닫았다. 그리고 큰 통을 흔들기 시작했다. 그러자 달그락달그락 얼음 부딪히는 경쾌한 소리가 들렸다. 그 모습을 본 감성빈이 어이없다는 듯 말했다.

"그렇게 하면 얼음도 녹고, 우유도 미지근해지겠다. 어떻게 얼음으로 우유를 얼려서 아이스크림을 만든다는 거야?"

감성빈의 말에 천재인이 샐쭉 째려보았다.

"아까 설명했듯이 우리 주위의 물질은 크게 고체, 액체, 기체의 세 가

지 상태 중에 하나로 존재해. 그런데 물질의 상태가 변할 때에는 주위에서 열을 빼앗아 오거나 주위에 열을 내놓게 돼. 예를 들어 고체인 얼음이 액체인 물로 바뀌거나 액체인 물이 기체인 수증기로 바뀔 때에는 열이 필요한데, 이 필요한 열을 주위에서 빼앗아 와. 그러면 열을 빼앗

긴 주위의 온도는 내려가게 돼."

"그래서?"

"그래서라니? 아직도 모르겠어, 감성빈?"

천재인의 물음에 고개를 갸우뚱한 사람은 감성빈만이 아니었다. 온누리와 천재주도 이해가 안 되기는 마찬가지였던 것이다. 천재인은 통을 흔들며 한숨을 쉬고는, 설명을 덧붙였다.

"이 통에 든 얼음이 녹으면서 우유에 있는 열을 빼앗아 오거든. 그래서 우유는 미지근해지는 것이 아니라 더 차가워진다, 이 말이야."

설명을 들은 세 아이는 천재인이 흔드는 통을 신기한 듯 바라보았다.

"그러니까 네 말은, 큰 통 안의 얼음이 녹아 액체인 물이 되면서 주위의 열을 빼앗고, 이때 얼음 속에 있는 작은 통 안의 우유는 열을 빼앗겨 얼어서 아이스크림이 된다, 이거야?"

천재인은 의외라는 눈으로 감성빈을 쳐다보았다.

"맞아."

"흠, 원리는 알았어. 그럼, 내가 해 봐도 될까?"

감성빈은 천재인이 흔들던 통을 건네받아 흔들기 시작했다. 천재인의 이마에 송골송골 맺힌 땀을 본 모양이었다. 이번에는 온누리가 궁금한 것을 물었다.

"그런데 아까 얼음에 소금을 넣었잖아? 그건 왜 넣은 거야?"

"소금을 넣으면 소금이 물에 녹으면서 주위의 열을 더 빼앗아 가. 그러면 얼음만 넣었을 때보다 온도를 더 낮출 수 있고, 따라서 얼음이 녹는 시간도 늦출 수 있거든."

"아, 그렇구나."

잠시 뒤, 큰 통 안에 있는 얼음이 어느 정도 녹았다. 천재인은 큰 통의 뚜껑을 열어 작은 통을 꺼냈다. 그리고 작은 통의 뚜껑을 열자, 천재주가 초롱초롱한 눈으로 환호성을 질렀다.

"와, 아이스크림이다! 진짜 아이스크림이 됐어!"

작은 통 안에 든 우유는 냉동실에서 꺼낸 것처럼 얼어 있었다. 하지만 냉동실에서 얼린 것과는 다르게 부드럽고 폭신해 보였다.

"정말 맛있어 보인다! 얼른 먹어 봐야지."

천재주는 숟가락을 가지고 쪼르르 달려왔다. 그러자 감성빈이 천재주의 숟가락을 가로막았다.

"잠깐 기다려 봐. 이 오빠가 더 맛있는 아이스크림으로 만들어 줄게."

감성빈은 천재인과 잠시 이야기를 나눈 뒤, 함께 냉장고 안을 살펴보기 시작했다.

"여기 있다."

천재인은 냉동실에 있던 냉동 딸기를 찾아 감성빈에게 건넸다. 그러자 감성빈은 아이스크림을 예쁜 유리그릇에 담고 딸기를 잘게 잘라 그 위에 얹은 뒤, 부엌 창가의 화분에서 따 온 박하 잎으로 장식했다. 그러자 전문점에서 파는 것처럼 근사하고 멋진 아이스크림이 완성되었다.

"어때? 하얀 아이스크림 위에 빨간색과 초록색이 올라가니 훨씬 더 먹음직스러워 보이지? 이런 게 바로 예술 작품이지!"

"정말 예쁘다!"

천재주의 감탄이 그칠 줄 모르는 가운데, 마침내 네 사람은 숟가락으로 아이스크림을 떠서 입안에 넣었다. 순간, 사르르 녹는 아이스크림의 맛에 모두 할 말을 잃었다.

"와, 이렇게 먹으니까 500원짜리 하드보다 훨씬 맛있고 부드러워! 정말정말 맛있다. 고마워, 오빠."

온누리, 감성빈, 천재주가 환호성을 지르며 아이스크림을 먹는 사이, 천재인은 꽤 감동을 받은 것 같았다. 아이스크림을 모두 먹고 난 뒤, 천재인은 뜻밖의 말을 했다.

"아까 말한 그 대회, 나도 참가할게."

"진짜?"

온누리와 감성빈이 눈을 똥그랗게 뜨고 쳐다보자, 천재인은 어색한 듯 고개를 돌렸다. 감성빈이 의외라는 듯 물었다.

"왜 갑자기 생각이 바뀌었지?"

"다른 이유가 있어서 그런 건 아니야. 음……. 생각해 보니 우주여행 티켓이 탐나더라고."

요건 몰랐지?

추울 때 난방을 위해 물을 뿌린다고?

북극과 그 근처의 몹시 추운 지방에 사는 이누이트 족은 사냥을 나갔을 때 추위를 피하기 위한 임시 집을 지어. 그게 바로 눈덩이를 벽돌 모양으로 잘라 둥근 지붕 모양이 되도록 쌓은 얼음집인 이글루야. 그런데 추위를 피하려고 만든 얼음집이 과연 따뜻할까? 놀라지 마~. 바깥 날씨가 영하 30℃를 오르내려도 이글루 안은 별다른 난방 없이 영상 5℃ 정도를 유지한대.

그런데 놀라운 사실이 하나 더 있어. 날이 더 추워지면 이누이트 족은 이글루 안에 물을 뿌려. 물을 뿌리면 꽁꽁 얼어서 더 추울 것 같지만, 물이 얼어서 얼음으로 바뀔 때 가지고 있던 열을 밖으로 내보내기 때문에 주위 온도는 오히려 올라가지. 추운 날씨에 이글루 안에 물을 뿌려 집 안을 따뜻하게 하는 이누이트 족의 지혜! 정말 놀랍지?

현명한 선택

사람의 욕구와 한정된 자원

우리는 물건을 살 때마다 고민을 해. '이걸 살까? 저걸 살까?' 또는 '살까? 말까?' 하고 말이야. 갖고 싶은 물건도 많고 먹고 싶은 음식도 많지만, 우리는 이것들을 다 살 수 없어. 왜냐고? 우리가 가진 돈이 우리가 원하는 것을 모두 할 수 있을 만큼 많지 않기 때문이야. 뿐만 아니라, 공책을 만드는 데 필요한 나무처럼 우리가 원하는 물건을 만드는 데 들어가는 자원도 끝없이 생기지 않고 양이 정해져 있기 때문에 함부로 낭비하면 안 되지. 그래서 우리는 물건을 살 때마다 계속 선택을 해야 해. 하나를 선택하면 다른 것은 포기해야 하기 때문에, 가장 적은 돈으로 가장 큰 만족을 얻을 수 있는 선택, 바로 '현명한 선택'을 해야 하지.

현명한 선택을 위한 기준

현명한 선택을 하려면 무엇을 생각해야 할까? 사고 싶은 여러 가지 물건을 두고 현명한 선택을 하려면 몇 가지 선택 기준을 세우고, 그 선택 기준에 따라 어떤 것을 살지 우선순위를 정하면 돼.

가장 먼저 생각해야 할 기준은 '이 물건이 나에게 꼭 필요한가?'야. 나에게 가방이 꼭 필요하지 않은데도 친구에게 자랑하기 위해 정작 꼭 필요한 다른 것을 사지 않고 가방을 하나 더 사려고 한다면, 현명한 선택이라고 할 수 없겠지?

또한 사용했을 때 도움이 되는지, 즐거움과 편리함을 주는지도 중요한 선택 기준이야. 물론, 가격과 품질이 모두 적당한지도 살펴봐야지. 필요하지만 가격에 비해 품질이 너무 떨어진다면 사고 나서 후회할지도 모르거든. 그리고 터무니없이 비싼 물건을 사서 돈을 낭비하거나, 싸다는 이유로 필요한 양보다 많이 사는 것도 현명한 선택이라고 할 수 없어. 제대로 된 선택의 기준을 세우고 그 기준에 맞춰 꼼꼼히 살핀 뒤에 물건을 산다면, 그것이 바로 가장 적은 돈으로 가장 큰 만족을 얻는 현명한 선택이 될 거야.

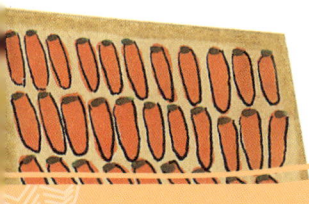

물질의 상태 변화와 열의 이동

물질의 상태 변화

지구에 있는 물질은 크게 세 가지 상태로 존재해. 모양과 부피가 있는 고체, 담는 그릇에 따라 모양이 바뀌지만 부피는 바뀌지 않는 액체, 일정한 모양과 부피가 없어서 담는 그릇에 따라 모양과 부피가 달라지는 기체가 바로 그것이지.

그런데 물질은 항상 한 가지 상태로만 존재할까? 그건 절대 아니야. 우리 주변에서 흔히 볼 수 있는 물만 봐도 온도에 따라 고체인 얼음, 액체인 물, 기체인 수증기로 상태가 바뀌거든. 이처럼 같은 물질이 온도나 압력에 따라 상태가 변하는 것을 '상태 변화'라고 해. 그런데 상태 변화가 일어나도 물질의 고유한 성질은 변하지 않아. 다시 말해 물, 수증기, 얼음은 상태는 달라도 모두 같은 물질이지.

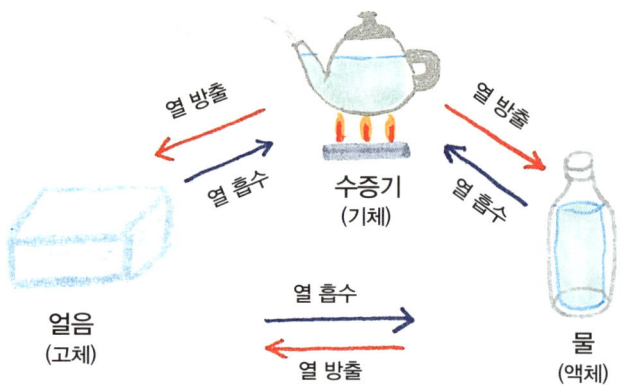

물의 상태 변화와 열의 이동

상태 변화를 할 때 열의 이동

 물질이 상태 변화를 할 때에는 주위에서 열을 빼앗기도 하고, 반대로 열을 주위로 내보내기도 해. 물의 경우, 고체인 얼음에서 액체인 물로, 액체인 물에서 기체인 수증기로 상태가 변할 때에는 가지고 있는 열보다 더 많은 열이 필요해. 그래서 주위에서 열을 빼앗아 와. 이때, 주위의 온도는 내려가지. 예를 들어 볼까? 시원한 물을 마시려고 물에 얼음을 넣으면 얼음이 녹으면서 물에 있는 열을 빼앗아 와. 그래서 열을 빼앗긴 물은 차가워지지. 또, 더운 여름에 샤워를 하고 나서 선풍기 바람을 쐬면 아주 시원한데, 이는 몸에 묻은 물이 수증기로 바뀌어 공기 중으로 날아가면서 몸의 열을 빼앗아 가기 때문이야.
 이와 반대로 기체인 수증기가 액체인 물로, 액체인 물이 고체인 얼음으로 상태가 변할 때에는 가지고 있던 열을 밖으로 내보내. 그러면 주위의 온도는 올라가겠지? 추운 겨울이 되면 귤나무에 물을 뿌리는 모습을 볼 수 있는데, 그 이유는 귤 표면에 묻은 물이 얼어 얼음으로 바뀌면서 내보내는 열이 귤에 전달되어 귤이 얼지 않기 때문이야.

제2장
용의 눈동자를 그려라

온라인 예선 첫 번째

갑자기 예선을 치르라고?

"어머! 너, 성빈이 아니니?"

다음 날, 온누리의 집에 들어서려던 감성빈은 점심 약속 때문에 집을 나서던 온누리 엄마와 마주쳤다.

"아줌마, 안녕하세요?"

"세상에, 세상에! 이게 얼마 만이야? 언제 왔니? 엄마랑 아빠는?"

"며칠 전에 왔어요. 엄마랑 아빠는 아직 외국에 계시고요."

"너 보면 누리가 정말 깜짝 놀라겠다. 누리야! 누리야! 이리 좀 나와 봐. 어서!"

온누리 엄마는 오랜만에 만난 반가움에 감성빈의 얼굴을 두 손으로 감싸며 활짝 웃었다.

"못 본 새 키도 훌쩍 크고, 훨씬 더 잘생겨졌는걸? 갈수록 네 아빠를 닮아 가는구나."

그때, 엄마의 목소리를 듣고 온누리가 나왔다. 커다란 과자 봉지를 품에 꼭 안고서.

"왔어?"

예상과는 다른 담담한 반응에 온누리 엄마는 실망한 표정을 지었다.

"너 성빈이 온 거 알고 있었어?"

"네, 어제 길에서 만났어요."

"어이구, 그럼 엄마한테 말 좀 해 주지. 성빈이가 오랜만에 왔는데."

온누리 엄마는 시계를 보며 발을 동동거렸다.

"아유, 학부모 모임이라 안 갈 수도 없고. 성빈아, 아줌마가 나갔다가 맛있는 거 사 올 테니까 아줌마 올 때까지 가지 말고 누리랑 놀고 있어. 알았지?"

맛있는 것을 사 온다는 말에 온누리의 눈이 반짝거렸다.

"엄마, 치킨! 양념 반, 프라이드 반!"

온누리의 해맑은 외침에 다정한 눈길로 감성빈을 바라보던 온누리 엄마의 눈빛이 확 바뀌었다.

"치이이킨? 온누리, 그 과자 봉지에서나 그만 손 빼시지?"

온누리는 흠칫 놀라며 과자 봉지를 얼른 등 뒤로 숨겼다. 그리고 90도 각도로 허리를 굽혀 인사했다.

"엄마, 다녀오세요!"

엄마가 떠난 뒤, 온누리는 감성빈과 함께 집 안으로 들어왔다.

"온누리, SAS 서바이벌 킹 대회 참가 신청서는 어떻게 됐어? 썼어?"

"이제 막 쓰려는 참이었어. 어제 책자를 보니까, 서류를 갖다 내는 게 아니라 인터넷 홈페이지에서 작성하면 된대."

"그래? 간단하네."

두 아이는 온누리의 방에 들어가 컴퓨터 앞에 앉았다. 온누리가 인터넷에 접속해 홈페이지에 들어가는 사이, 감성빈은 온누리의 방을 구경하고 있었다.

"음……. 여기에 이름이랑 나이, 학교를 적으면 된대. 천재인이랑 내

건 됐고. 감성빈, 네 학교는 어디로 적으면 돼?"

"너랑 같은 학교로 적으면 돼."

"어? 우리 학교로 전학 오는 거야?"

"응. 엄마, 아빠가 이제 한국에서 학교를 다니라고 하셨어. 그래서 여기서 다니려고."

"잘됐다!"

온누리의 기뻐하는 표정을 보며 감성빈도 활짝 웃었다.

"자, 네 학교도 적었고. 이제 '전송' 버튼만 누르면 돼."

온누리가 마우스를 '전송' 버튼으로 가져가며 말했다. 그런데 그때, 모니터 화면에 메시지가 나타났다. 온누리는 어리둥절한 표정을 지었다.

"뭐야. 천재인도 오라고 해야겠다."

"왜?"

"신청자의 얼굴 인식이 필요하대. 지금 웹캠 앞에 참가 신청자가 모두 있어야 한다는데?"

"얼굴 인식? 그게 왜 필요하지?"

"그러게. 아무튼, 천재인에게 빨리 오라고 전화해야겠다."

다행히 천재인은 별다른 말을 하지 않고 곧장 온누리의 집으로 왔다.

"어떻게 하면 되는데?"

"웹캠 앞에 앉아 네 이름을 클릭하고 '얼굴 인증' 버튼을 누르면 돼."

천재인이 온누리의 말에 따라 웹캠 앞에 앉은 뒤 '얼굴 인증' 버튼을 누르자, 모니터 화면에 천재인의 얼굴이 나타났다. 그리고 얼굴의 비율

을 계산하는 복잡한 과정을 거치고서야 얼굴 인증이 완료되었다.

"그냥 사진만 찍으면 되는 거 아닌가? 왜 이렇게 복잡하게 하지?"

감성빈은 귀찮다는 듯 말하면서도 웹캠에 찍힌 자신의 모습을 이리저리 살피며 멋진 각도를 찾아내려 애썼다. 온누리까지 얼굴 인증이 끝나자 참가 신청이 완료되었다. 그런데 온누리가 당황한 목소리로 화면에 나타난 메시지를 읽기 시작했다.

"SAS 서바이벌 킹 대회에 지원한 온누리, 천재인, 감성빈 어린이. 환영합니다. 온라인으로 진행되는 예선을 통과해야 8월 20일에 열리는 본선에 참가할 수 있습니다. 신청 마지막 날인 오늘, 바로 예선이 시작됩니다. 세 명의 참가자 이외에 다른 사람의 도움 없이 예선을 치러야 합니다. 웹캠 앞에 세 사람이 나란히 앉으십시오."

온누리, 천재인, 감성빈은 영문을 몰라 서로를 쳐다보았다.

"지금 예선을 치른다고?"

"빨리 앉아! 30초밖에 안 남았어!"

온누리의 재촉에 세 사람이 나란히 앉자, 웹캠이 작동하여 세 아이의 얼굴을 다시 한 번 확인했다. 그러자 또 다른 메시지가 나타났다.

'온누리, 천재인, 감성빈. 확인 완료되었습니다.'

이 메시지가 사라지자, 모니터 화면은 검은색으로 바뀌었다. 그리고 화려한 컴퓨터 그래픽으로 만들어진 'SAS 서바이벌 킹' 로고가 저 멀리서 아이들에게 달려오듯 나타났다.

"우아, 이거 장난 아니다."

감성빈의 감탄처럼, 세 아이는 화면을 장식한 화려한 컴퓨터 그래픽에 매혹당하고 말았다. 마치 우주선을 타고 행성과 행성 사이를 날아다니는 기분이었다. 마지막으로 아이들이 익히 아는 지구의 모습이 나타나면서 화려한 그래픽은 다시 검은색 화면으로 바뀌었다.

잠시 뒤, 화면에 나타난 것은 옷도 머리카락도 없는 사람이었다. 그 사람은 세 아이를 향해 손을 흔들며 이렇게 말했다.

"안녕? 난 너희를 대신할 아바타야. 나의 모습을 꾸며 줘."

"난 또……. 잔뜩 기대하고 있었더니, 게임 캐릭터야?"

천재인은 투덜거렸지만, 온누리와 감성빈은 신기해하며 의자를 앞으로 당겼다.

"이거 재미있겠다. 어떻게 꾸며 줄까나?"

감성빈이 마우스를 잡고 아바타 옆쪽을 클릭하자, 다양한 이목구비와 머리 모양, 옷과 액세서리들이 나타났다. 감성빈은 마치 쇼핑몰에 들어선 사람처럼 환호성을 질렀다.

"오! 이거 재미있는데?"

감성빈은 옷을 하나씩 입혀 보며 아바타를 꾸미기 시작했다. 하지만 감성빈이 옷을 다섯 벌 넘게 갈아입혔을 때쯤, 온누리와 천재인은 동시에 소리쳤다.

"감성빈, 대충 해!"

"그럴 수는 없지. 나를 대신할 아바타인데 말이야. 그리고 이렇게 아이템이 다양한 걸 보면, 아바타 꾸미기가 예선 점수에 들어갈지도 몰라."

감성빈의 말에 온누리는 그럴지도 모른다며 고개를 끄덕였다. 하지만 천재인은 감성빈이 매우 신중하게 액세서리까지 고르는 것을 보고 한심하다는 듯 째려보았다.

"이건 딱 봐도 너네."

"우리 셋의 개성을 합쳐 보려고 했는데, 이 아바타에 너의 끔찍한 머리 모양을 넣자니 불쌍한 생각이 들더라고. 우리 셋 중에서는 내가 가장 인물도 좋고 스타일도 좋으니까, 나처럼 만드는 게 좋지 않겠어?"

감성빈의 말에 온누리도 살짝 기분이 나빠졌다. 얼마나 지났을까.

"자~, 됐다!"

감성빈이 만족한 듯 마우스에서 손을 떼었다. 감성빈이 완성한 아바타는……. 그냥, 감성빈 그 자체였다. 아니, 오히려 감성빈보다 더 화려하고 요란했다. 천재인이 뭐라고 한마디 하려는 듯 입을 달싹거렸지만, 온누리가 얼른 마우스를 쥐고 '꾸미기 완료' 버튼을 눌렀다. 그러자 배경이 바뀌면서 메시지가 나타났다.

'지금부터 첫 번째 미션이 시작됩니다. 제한된 시간 안에 미션을 해결하면 다음 미션으로 넘어갑니다. 세 사람이 힘을 합쳐 해결하세요.'

메시지가 사라진 뒤, 아바타는 숲 속에 서 있었다. 그리고 숲에는 노란색 벽돌로 만든 길이 길게 이어져 있었다. 온누리가 길을 가리키며 말했다.

"여기 노란색 길이 있어. 이리로 가라는 건가?"

"좋아. 출발해 볼까?"

아바타를 조종하는 마우스는 평소 게임에 관심이 많은 천재인이 잡았다. 천재인이 마우스를 노란색 길 위로 옮기자, 아바타는 춤을 추듯 몸을 흔들거리며 앞으로 나아갔다. 그리고 주변 풍경이 변하면서 산 중턱에 낡은 건물 한 채가 나타났다.

"노란 길이 저 건물 쪽으로 나 있어. 저기로 가라는 뜻인가 봐."

천재인이 이렇게 말하며 아바타를 건물 쪽으로 움직였다. 아바타가 가까이 가 보니, 그 건물은 오래된 절처럼 보였다. 처마와 기둥 곳곳에는 잡초와 거미줄이 가득했고, 지붕을 덮은 기와는 군데군데 부서져 있었다. 절 앞마당에는 풀이 무성하게 자라 있었는데, 색색의 꽃이 가득 피어 있었다.

"어쩐지 으스스한데."

온누리의 말에 감성빈이 맞장구를 쳤다.

"그러게. 여기서 무슨 미션을 해결하라는 거지?"

그러자 천재인이 노란색 길을 가리키며 말했다.

"이 길이 건물 문 앞까지 이어져 있어. 건물 안으로 들어가라는 모양인데?"

천재인이 마우스를 움직여 문을 열려는 찰나, 갑자기 감성빈이 긴장한 목소리로 말했다.

"잠깐!"

"깜짝이야. 왜 그래?"

"혹시 갑자기 괴물이 튀어나온다거나, 적이 기다리고 있다거나 하는 건 아니겠지?"

감성빈의 말에 천재인도 멈칫했다. 보통 온라인 게임을 하다 보면,

적이나 괴물이 갑자기 튀어나오기도 하지 않는가? 잠시 생각하던 천재인이 감성빈을 보며 물었다.

"아까 아바타 꾸밀 때, 아이템 중에 무기 없었어?"

"무기? 무슨 무기?"

"화살이나 칼이나 방망이 같은 거 말이야."

감성빈은 심각한 표정을 지으며 생각에 잠겼다. 그리고 한참 뒤에 자신 없는 표정으로 고개를 저었다.

"그, 그런 건 못 본 것 같은데."

"만일 네 말대로 적이나 괴물이 나타나면, 네가 꾸며 놓은 아바타로는 절대 못 이길 것 같다."

천재인의 말에 감성빈과 온누리는 동시에 아바타를 쳐다보았다. 아바타는 금발에 화려한 티셔츠를 입고 빨간 가방을 등에 멘 채 즐거운 듯 몸을 흔들고 있었다. 온누리도 슬그머니 걱정되었다.

"다시 처음 화면으로 못 돌아가?"

온누리의 말에 천재인이 이것저것 버튼을 눌러 보았지만 소용없었다.

아바타는 건물 주위만 빙빙 돌 뿐, 걸어왔던 노란 길을 되돌아갈 수는 없었던 것이다. 한참 이것저것 만지던 천재인이 고개를 절레절레 흔들며 마우스를 꼭 쥐었다.

"이제 어쩔 수 없다. 건물 안으로 들어가 보는 수밖에."

천재인이 커다란 문에 마우스를 갖다 대자, 끼이익 소리와 함께 문이 열렸다. 문이 열리자 건물 내부가 한눈에 들어왔는데, 벽 한쪽을 가득 채운 용 그림이 눈길을 끌었다. 세 아이는 어디엔가 적이 숨어 있는 것이 아닌가 싶어 아바타를 움직여 건물 구석구석을 모두 뒤져 보았다. 다행히 적이나 괴물은 나타나지 않았다.

"우리가 생각했던 그런 게임이 아닌가 보다."

천재인의 말에 감성빈과 온누리는 안도의 한숨을 내쉬었다. 그리고 해결해야 할 미션이 무엇인지 알아내기 위해 다시 한 번 건물 내부를 살피기 시작했다.

"저기 말이야, 용 그림이 좀 이상하지 않아?"

감성빈의 말에 천재인이 용 그림이 그려진 벽 쪽으로 아바타를 움직였다. 자세히 보니 용 그림에 눈동자가 없었다. 그리고 벽 밑에는 빈 그릇과 붓이 놓여 있었다.

"눈동자를 그리려다 말았나 봐."

천재인이 무심코 용의 눈에 마우스를 갖다 대었다. 그러자 화면에 메시지가 나타났다.

이 절은 이 지역을 지키던 용을 위해 세워졌습니다. 그리고 용의 승천을 위해 벽화를 그리던 도중, 화가는 병이 들어 끝내 용의 눈동자를 그려 넣지 못하고 죽었습니다. 완성되지 못한 그림은 수호신인 용을 화나게 했고, 용은 이 지역을 아무도 살지 못하는 숲으로 만들어 버렸습니다. 용이 승천할 수 있는 마지막 날은 바로 오늘! 주어진 시간 안에 검은색 물감으로 용의 눈동자를 그려 넣지 못하면, 이곳은 모두 사라지고 말 것입니다.

 세 아이가 메시지를 읽고 난 뒤, 천재인은 마우스를 움직여 메시지 옆의 '확인' 버튼을 눌렀다. 그러자 벽에 조금씩 금이 가며 건물이 무너져 내리기 시작했다. 그리고 아바타 옆에 뿅 하고 타이머가 나타났다.
 "어? 어어?"
 갑작스럽게 시작된 미션에 세 아이는 당황하기 시작했다.
 "10분 안에 검은색 물감으로 용의 눈동자를 그려 넣으라는 거지? 천재인, 거기 붓이랑 그릇을 클릭해 봐!"
 온누리의 말대로 하자 아바타의 손에 붓과 그릇이 쥐어졌다. 그리고 메시지가 나타났다.

'이 그릇은 물감을 담는 그릇입니다. 물감을 찾아 담으세요.'

"검은색 물감을 찾으라는 건가 봐! 어딘가에 숨겨져 있나 본데?"

"저기 기둥 뒤로 가 봐! 거기 있는 서랍을 열어 봐!"

천재인이 아바타를 빨리 움직여 건물 구석구석을 뒤졌지만, 어디에도 검은색 물감은 보이지 않았다. 그사이, 1분이 흘러 건물에는 금이 더 많이 가기 시작했다.

"아무런 힌트도 없이 그냥 검은색 물감으로 용의 눈을 그리라니, 도대체 검은색 물감은 어디 있는 거야?"

온누리가 타이머를 보며 발을 동동거렸다. 그러자 천재인이 마우스를 바삐 움직이며 투덜거렸다.

"이 대회가 과학과 예술, 사회를 잘하는 아이들이 모여서 시합하는 거라며? 검은색 물감을 찾는 미션이랑 무슨 상관이 있지?"

"그러게 말이야. 뭐 어쩌라는 건지······."

그때, 감성빈이 입술을 잘근잘근 씹으며 중얼거렸다.

"다른 색 물감이라도 있으면 되는데."

다른 색으로 검은색 물감을 만들어라!

"그게 무슨 말이야? 다른 색 물감이라니?"

온누리의 말에 천재인도 감성빈을 쳐다보았다. 그러자 감성빈은 움찔 놀라며 대답했다.

"아니, 내 말은, 꼭 검은색 물감이 아니라 다른 색 물감을 찾아도 된다는 거야."

천재인과 온누리는 어이없어하며 차례로 타박했다.

"뭐야? 그럼 용의 눈동자를 아무 색으로라도 그려 넣자는 거야?"

"그랬다가 떨어지면 어떡해?"

두 아이의 반응에 발끈한 감성빈이 목소리를 높였다.

"그게 아니라 다른 색으로 검은색을 만들면 된다고."

"검은색을 어떻게 만드는데?"

"색을 혼합하면 되지."

"혼합?"

미술에는 영 지식이 없는 천재인과 온누리가 고개를 갸우뚱거렸다. 그러자 감성빈이 두 아이를 한심하다는 듯 쳐다보았다.

"이런, 이런. 온누리, 파란색 물감하고 빨간색 물감을 섞으면 무슨 색이 되는지 알아?"

"어……. 보라색?"

감성빈은 이번에 천재인에게 물었다.

"그럼, 무슨 색하고 무슨 색을 섞으면 초록색이 되는지 알아?"

갑작스러운 질문에 천재인은 당황한 듯했다.

"뭐더라?"

감성빈은 그럴 줄 알았다는 표정을 지으며 설명을 이어 갔다.

"노란색이랑 파란색을 섞으면 초록색이 돼. 이처럼 색을 두 가지 이상 섞으면 원래의 색과는 다른 색이 나타나는데, 이 색은 원래의 색보다 어둡고 탁해. 이렇게 다른 색이 나타나는 것을 색상이 달라졌다고 하고, 어두워지는 건 명도가 낮아졌다고 하지. 또, 색이 탁해지는 건 채도가 낮아졌다고 말해."

온누리는 여전히 갸웃했지만, 천재인은 고개를 끄덕였다.

"그러니까 색을 섞으면 색상이 달라지고 명도와 채도가 낮아진다, 이 말이지?"

"맞아. 그리고 또 하나 알아 둬야 할 것은 노랑, 빨강, 파랑만 있으면 어떤 색이든 만들 수 있다는 거야."

온누리가 신기한 듯 물었다.

"진짜? 그 세 가지 색만 있으면 다 만들 수 있어?"

"그래. 노랑, 빨강, 파랑을 여러 가지 비율로 섞으면 수많은 색을 만들 수 있어. 그래서 노랑, 빨강, 파랑을 색의 바탕이 되는 세 가지 색이라고 해서 '색의 삼원색'이라고 부르지."

"그럼 검은색도 그 세 가지 색으로 만들 수 있어?"

"당연하지! 그래서 아까 내가 꼭 검은색 물감이 아니라 다른 색 물감이 있어도 된다고 한 거야. 단, 노랑, 빨강, 파랑을 같은 비율로 섞어야 검은색이 만들어지기 때문에 세 가지 색 물감이 모두 필요해."

그때, 타이머를 본 온누리가 깜짝 놀라며 소리쳤다.

"으악! 5분밖에 안 남았어!"

"벌써 5분이나 지났어?"

감성빈도 온누리처럼 발을 동동거리기 시작했다.

"아까 건물을 뒤졌을 때 다른 색 물감도 안 보였는데, 어떡하지?"

그때, 천재인이 무슨 생각이 난 듯 다시 마우스를 움직이기 시작했다.

"건물 밖으로 나가 보자!"

식물로 물감을 만든다고?

온누리와 감성빈은 얼른 화면에 집중하며 차례로 말했다.

"맞아. 건물 밖에 물감이 숨겨져 있을지도 몰라."

"건물 뒤쪽으로 가 볼까?"

하지만 마우스를 잡은 천재인은 건물 뒤쪽이 아닌 앞마당을 향해 아바타를 움직였다. 그 모습에 감성빈이 다급한 목소리로 물었다.

"천재인, 왜 그쪽으로 가? 마당에는 풀이랑 꽃밖에 없잖아."

하지만 천재인은 고집스럽게 아바타를 앞마당 쪽으로 움직였다. 온누리는 천재인의 눈치를 보며 조심스레 말했다.

"천재인, 거기보다는 다른 곳에 물감이 숨겨져 있을 것 같은데?"

천재인은 고개를 저었다.

"아냐. 내 생각엔 물감 자체가 없을 것 같아."

"뭐?"

"그럼, 넌 지금 포기하자는 거야?"

감성빈의 말에 천재인은 감성빈을 아주 잠깐 째려보았다.

"내가 언제 포기하쟀어?"

"그럼 어쩌려고?"

"물감을 만들어야지."

감성빈과 온누리는 망치로 머리를 얻어맞은 듯 잠시 멍해졌다. 그리고 동시에 입을 열었다.

"물감을 만든다고? 뭘로?"

그 사이, 아바타는 앞마당의 풀숲 여기저기를 돌아다니고 있었다.

"여기서 가장 많고, 흔하게 구할 수 있는 것으로."

천재인의 말에 감성빈과 온누리는 아바타의 시선으로 주변을 살펴보았다. 하지만 온통 풀과 꽃뿐이었다. 온누리가 갸우뚱거리며 물었다.

"풀과 꽃밖에 없는데?"

"그래, 그거야. 식물로 물감을 만들 거야."

천재인의 뜻밖의 대답에 온누리의 눈이 동그래졌다.

"진짜? 어떻게?"

"식물은 우리 생활에 정말 요긴하게 쓰여. 먹을 것도 주지, 모시나 삼베, 면처럼 옷을 만드는 옷감도 주지. 또……."

감성빈이 불쑥 끼어들어 아는 체를 했다.

"약으로도 쓰이잖아. 한약 재료 말이야. 엄청 쓴 한약. 우욱."

그때, 천재인이 노란 민들레 앞에 아바타를 세웠다.

"그래, 맞아. 그리고 식물의 뿌리나 꽃잎, 열매 등으로 색을 내는 염료도 만들 수 있는데, 그런 식물을 '염료 식물'이라고 해. 여기 있는 민들레도 염료 식물 가운데 하나지."

"민들레가?"

"응. 옛날 사람들은 노란색을 내고 싶을 때 치자나 강황을 많이 썼는데, 민들레의 꽃잎도 썼어."

"그렇구나. 그런데 그게 이 미션에서도 가능할까?"

온누리의 질문에 천재인은 대답 대신 마우스를 민들레에 가져가 클릭했다. 그러자 아바타의 손에 들린 그릇에 노란색 물감이 채워졌다. 그 모습을 본 감성빈과 온누리가 환호성을 질렀다.

"노란색 물감이다!"

"이런 방법이 있었구나!"

"시간이 얼마 없어. 얼른 다른 색 물감도 찾아야 해. 감성빈, 아까 검은색을 만들 때 필요한 색이 노랑, 빨강, 파랑이라고 했지?"

"맞아. 그럼 빨간색과 파란색은 어떤 식물에서 가져오지?"

"파란색을 만들 때에는 주로 쪽을 이용해. 빨간색을 만들고 싶을 때에는 잇꽃을 많이 쓰는데……. 아! 여기 맨드라미가 있다!"

천재인은 바로 근처에 있는 맨드라미로 아바타를 움직였다.

"맨드라미도 염료 식물이야?"

"응, 붉은색을 낼 때 많이 써."

천재인이 아까처럼 마우스를 맨드라미에 갖다 대고 클릭하자, 이번에는 빨간색 물감이 그릇에 담겼다.

"자, 빨간색도 구했어. 이제 파란색만 구하면 돼."

온누리, 감성빈, 천재인은 쪽을 찾느라 1분을 썼다. 이제 남은 시간은 2분. 쪽을 찾아 파란색 물감을

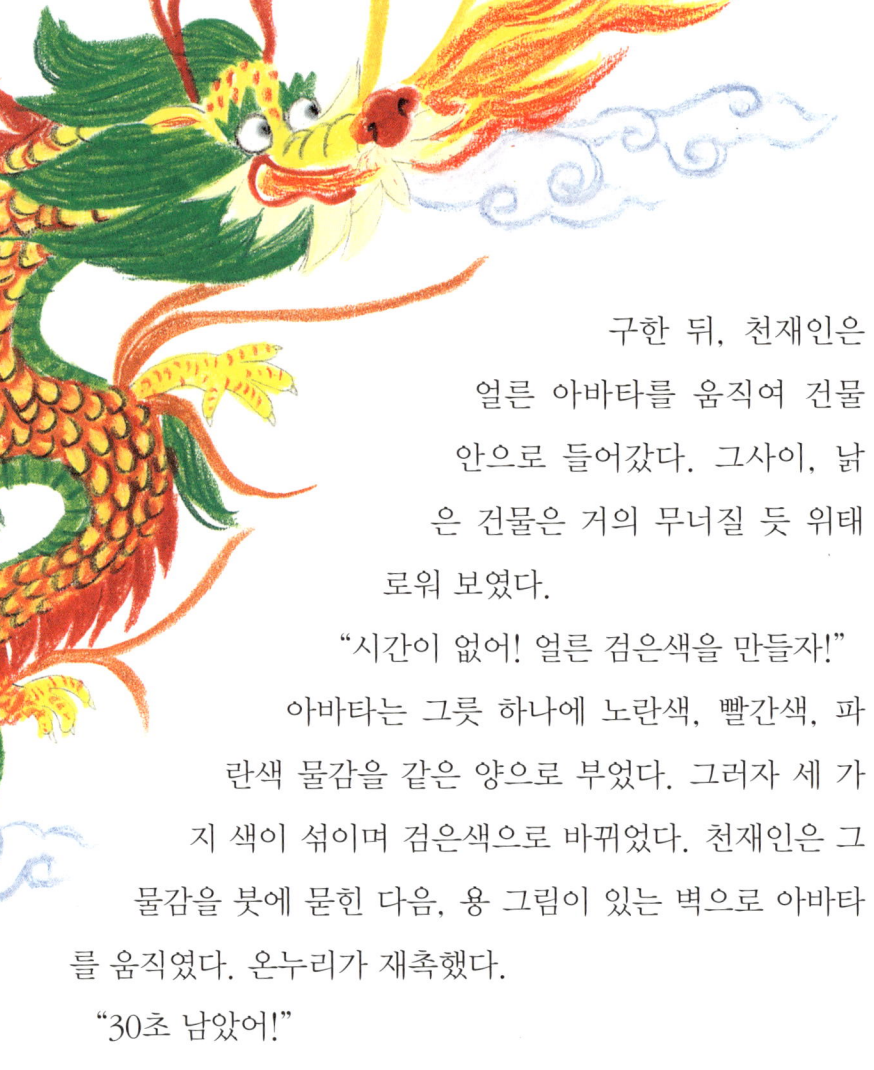

구한 뒤, 천재인은 얼른 아바타를 움직여 건물 안으로 들어갔다. 그사이, 낡은 건물은 거의 무너질 듯 위태로워 보였다.

"시간이 없어! 얼른 검은색을 만들자!"

아바타는 그릇 하나에 노란색, 빨간색, 파란색 물감을 같은 양으로 부었다. 그러자 세 가지 색이 섞이며 검은색으로 바뀌었다. 천재인은 그 물감을 붓에 묻힌 다음, 용 그림이 있는 벽으로 아바타를 움직였다. 온누리가 재촉했다.

"30초 남았어!"

그때, 천재인이 마우스를 감성빈에게 건네주었다.

"난 그림을 못 그려. 혹시라도 실수하면 안 되잖아."

감성빈은 얼른 마우스를 잡고 용의 한쪽 눈에 커다란 눈동자를 그려 넣었다. 그리고 또 다른 눈에도 눈동자를 그려 넣었다. 그 순간, 그림 속의 용이 꿈틀대기 시작했다. 용은 벽에서 서서히 몸을 일으켜 하늘로 힘차게 날아올랐다. 그와 동시에 허물어져 가던 건물은 번쩍거리는 새 건물로 변했다. 그리고 벽에 글씨가 나타났다.

'용이 무사히 승천하였습니다. 첫 번째 미션 해결에 성공한 여러분, 축하합니다.'

요건 몰랐지?
의학에 큰 도움을 준 나무, 버드나무

이순신 장군이 무과 시험을 보다가 말에서 떨어져 다리가 부러졌다는 이야기, 알지? 그때, 이순신 장군은 주변에 있던 나뭇가지를 다리에 대어 고정하고 나무껍질을 벗겨 다리를 동여매고는 시험을 무사히 마쳤어. 그 나무가 바로 버드나무야.

버드나무의 고통을 줄여 주는 진통 효과는 예로부터 유명했어. '의학의 아버지'라 불리는 고대 그리스 의사인 히포크라테스는 환자의 고통을 줄여 주고자 할 때 버드나무 잎을 씹게 했고, 중국에서는 이가 아플 때 버드나무 가지로 이 사이를 문질렀대. 그리고 시간이 흘러 버드나무에서 우리가 아주 잘 아는 약이 탄생했지. 1897년, 독일의 과학자인 호프만이 버드나무 즙에서 고통을 줄여 주는 성분을 뽑아내 약으로 개발했는데, 그 약이 바로 '아스피린'이야.

핵심 콕콕 미술

색의 혼합

색이란?

'색'은 빛이 물체에 부딪혀 반사하면서 사람의 눈에 일어나는 반응을 말해. 예를 들어 초록색 나뭇잎은 빛 중에 초록색 빛만 반사하고 나머지는 흡수하는데, 이 반사된 초록색 빛이 우리 눈에 들어와 초록색으로 보이는 거야. 또, 빨간색 물감은 빨간색 빛만 반사하고 다른 빛은 흡수하기 때문에 빨간색으로 보이지.

색에는 색상, 명도, 채도라는 세 가지 중요한 속성이 있어. '색상'은 빨강, 노랑, 초록 등 다른 색과 구별되는 색의 성질을 말해. '명도'는 색의 밝고 어두운 정도를 말하지. '채도'는 색의 맑고 탁한 정도를 말하는데, 채도가 높으면 선명해 보이고 채도가 낮으면 탁하게 보여. 그런데 모든 색이 색의 세 가지 속성을 다 가진 것은 아니야. 흰색, 회색, 검은색처럼 색상과 채도가 없고 명도만 있는 색이 있거든. 이런 색을 '무채색'이라고 해. 무채색을 제외한 다른 색은 색상, 채도, 명도를 다 가진 색으로, 이런 색을 '유채색'이라고 하지. 유채색은 종류가 750만 개나 되지만 우리 눈으로 구분할 수 있는 것은 300개 정도이고, 생활에서 쓰는 색은 50개 정도야.

색의 혼합과 색의 삼원색

색의 혼합

두 가지 이상의 색을 섞으면 원래 색과 색상, 명도, 채도가 달라져. 이를 '색의 혼합'이라고 해. 물감은 혼합하는 색의 수가 많을수록 채도와 명도가 낮아지지. 그런데 세 가지 색만 있으면 우리 주위의 수많은 색을 만들 수 있어. 바로 빨강, 파랑, 노랑이지. 그래서 색의 바탕이 되는 세 가지 색이라고 해서 빨강, 파랑, 노랑을 '색의 삼원색'이라고 해. 파랑과 노랑을 섞으면 초록, 노랑과 빨강을 섞으면 주황, 파랑과 빨강을 섞으면 보라색이 만들어지지. 빨강, 파랑, 노랑을 같은 비율로 섞으면 검은색이 만들어지고 말이야. 이렇게 색의 삼원색을 섞어서 많은 색을 만들 수는 있지만, 다른 색을 섞어서 삼원색을 만들 수는 없어.

또, 빨강과 초록, 노랑과 남색, 녹색과 주황을 섞으면 회색이나 검은색이 돼. 이처럼 두 색을 혼합해 무채색이 되는 경우, 두 색을 상대방에 대한 '반대색'이라고 해. 반대색은 색을 보기 편하게 구분해서 원으로 표시한 색상환에서 서로 마주 보는 위치에 놓여 있어 쉽게 알 수 있어.

핵심 콕콕 과학

식물의 이용

음식이나 약으로 쓰이는 식물

지구에서 자라는 38만 종에 가까운 식물 가운데에는 우리에게 꼭 필요한 식물이 대단히 많아. 벼, 보리, 밀처럼 낟알로 거두어들이는 곡식과 감자, 옥수수, 고구마 같은 식물은 세끼 밥이 되어 주는 식물이야. 그리고 무나 배추와 같은 채소, 복숭아나 사과 같은 과일도 우리의 먹을거리를 풍성하게 해 주지.

또, 식물은 오랜 옛날부터 사람의 병을 치료하거나 고통을 덜어 주는 데 쓰였어. 인삼, 감초, 당귀 등은 한약의 재료로 많이 쓰이지. 남아메리카가 원산지인 기나나무 껍질에서 얻는 키니네는 무서운 전염병인 말라리아를 치료하는 약으로 유용하게 쓰여. 또, 코카나무 잎을 뜨거운 물에 우려 차로 마시면 높은 산에 올라갔을 때 생기는 병인 고산병을 치료할 수 있고, 양귀비는 엄청난 고통을 잠재우기 위한 진통제로 많이 이용했지.

닭의장풀

강황

염료 식물

우리 조상들은 식물을 이용해서 옷감을 다양한 색으로 물들였어. 이렇게 색을 내는 물질인 염료를 만드는 식물을 '염료 식물'이라고 해. 빨간색을 내고 싶을 때에는 잇꽃이나 오미자 등을 썼는데, 특히 잇꽃은 가장 오래된 염료 식물이기도 해. 기원전 3500년경의 이집트 무덤에서 잇꽃의 씨가 발견되었고, 우리나라에서도 옛날 무덤에서 잇꽃으로 만든 화장품이 발견되었지.

노란색을 내고 싶을 때에는 치자나무나 카레의 재료인 강황을 썼고, 파란색을 내고 싶을 때에는 쪽, 닭의장풀 등을 썼어. 특히 쪽으로 염색한 천은 색이 변하지 않고 햇빛에도 강해서 여러 나라에서 썼대. 그리고 보라색을 만들 때에는 지치의 뿌리껍질을 썼는데, 구하기가 매우 어려웠어. 그래서 보라색은 아주 고급스럽고 귀한 색으로 여겨졌지. 갈색은 덜 익은 떫은 감으로 냈는데, 이건 우리나라 특유의 방법으로 제주도에서 시작되었어.

잇꽃 　　　　　　　　　　　　　　지치 뿌리

제3장
오염되지 않은 호수를 찾아라

온라인 예선 두 번째

아바타가 힘들어해

첫 번째 미션을 통과했다는 메시지를 보며 감성빈과 천재인은 동시에 기지개를 켰다.

"에게~, 괜히 겁먹었잖아?"

"생각보다 어렵지 않은데? 이 정도면 식은 죽 먹기다."

온누리는 조금 전까지 발을 동동거리며 난리를 피우던 감성빈과 천재인이 떠올라 피식 웃음이 나왔다. 그리고 이럴 땐 죽이 척척 잘 맞는구나 싶어 신기하기도 했다.

"너희와 힘을 합치니까 가능했지. 나 혼자였으면 아마 절대 통과하지 못했을걸?"

온누리의 말에 두 아이는 서로를 힐끔 쳐다보았다.

"뭐, 나 혼자서도 충분히 해결할 수 있었겠지만……."

감성빈은 천재인의 활약을 인정하기 싫은 듯 입을 삐죽거렸다. 하지만 곧 고개를 끄덕이며 온누리의 말에 동의했다.

"제시간에 해결하지 못했을 거야."

"맞아, 맞아. 너도 그렇게 생각하지, 천재인?"

천재인은 이런 분위기가 어색한지, 대답 대신 마우스를 잡았다.

"이제 두 개 남았어. 빨리 해결하자."

처음보다 익숙해진 듯, 천재인은 자연스럽게 마우스로 아바타를 움직였다. 화려하고 번쩍거리는 절에서 나오자 아바타의 손에 물통과 음식이 든 바구니가 쥐어졌다. 그리고 화면에 메시지가 나타났다.

'이제 두 번째 미션을 위해 먼 길을 가야 합니다. 물과 음식을 가지고 길을 떠나십시오.'

물과 음식이 생기자, 아바타는 신이 난 듯 폴짝거리며 걸어가기 시작했다.

"그런데 어디로 가야 하지?"

"어! 천재인, 저쪽에 노란 길이 있어!"

감성빈이 호들갑스럽게 화면을 가리켰다. 절에서 끊어졌던 노란 길이 숲 안쪽에서 다시 나타났다. 천재인은 노란 길 위로 아바타를 움직였다. 아바타는 주위를 두리번거리며 그 길을 따라 걸어갔다. 꼭 소풍을 나온 듯, 세 아이는 아바타의 시선을 통해 숲 속의 새들과 짐승들을 구경했다. 하지만 그것도 잠시뿐, 밀림 같던 숲이 끝나고 드문드문 풀이 난 사막이 나타났다.

"주변 풍경이 확 바뀌었는데? 그렇지, 감성빈?"

"그러게. 노란 길도 사라졌어. 여기서 미션을 해결해야 하나?"

주변 풍경을 보려고 천재인이 왼쪽에서 오른쪽으로 아바타의 시선을 옮기던 중, 온누리의 눈에 뭔가가 보였다.

"어, 저쪽 끝에 뭐가 있어."

"어디?"

"다시 왼쪽으로 돌려 봐. 조금 더. 어, 거기!"

온누리가 찾아낸 것은 언덕 위에 있는 집이었다.

"아까처럼 저 집 안에 미션이 있나 봐. 어서 가 보자."

천재인은 아바타를 집 쪽으로 움직였다. 그런데 집을 향해 한참 걸어가던 아바타가 걸음을 멈추더니 세 아이를 향해 몸을 돌렸다. 그리고 세 아이에게 말을 걸었다.

"사막이라 걷기가 힘들어. 배도 고프고 목도 말라."

아바타의 돌발 행동에 세 아이는 무척 당황했다.

"아까 받았던 물과 음식은?"

감성빈의 말에 천재인이 물통과 음식 바구니를 클릭하자 메시지가 나타났다.

'음식은 10%, 물은 5% 남았습니다.'

"여기까지 오면서 다 먹었나 봐."

"그거라도 아바타에게 먹게 해."

천재인이 물통을 아바타의 입에 가져가자, 아바타는 조금 기운을 차린 듯 미소를 지었다.

"다행이다."

온누리는 마치 자신이 물을 마신 듯 시원한 표정을 지었다. 하지만 감성빈은 걱정이 앞섰다.

"그런데 이제 어쩌지? 물통과 음식 바구니가 텅 비었잖아."

"언덕 위에 있는 집까지 가려면 아직 멀었는데."

"집 안에 먹을거리랑 물이 있을 거야. 얼른 저곳으로 데려가자."

천재인이 아바타가 계속 걷도록 마우스를 움직이자, 아바타는 힘이 드는지 비틀거리며 걸어가기 시작했다. 아바타가 겨우 집에 도착하자, 화면이 움직이며 집의 모습을 보여 주었다. 판자로 지어진 집은 첫 번째 미션의 절처럼 무척 낡고 오래되어 금방이라도 무너질 것 같았다.

"여기도 버려진 곳인가 봐."

"문을 열어 봐."

온누리와 감성빈이 차례로 천재인을 재촉했다.

　천재인은 낡은 문을 클릭해 아바타를 안으로 들어가게 했다. 하지만 집 안도 바깥과 다르지 않았다. 가구는 모두 낡아 부서지기 일보 직전이었고, 사막의 모래와 먼지가 가득 쌓여 있었다.
　"어쩌지? 먹을거리나 물이 없을 것 같은데?"
　천재인이 중얼거렸을 때, 아바타가 괴로운 표정으로 아이들을 향해 말했다.

"목이 말라. 마실 물이 필요해."

그러더니 갑자기 아바타 옆에 뽕 하고 타이머가 나타났다. 갑작스러운 타이머의 등장에 세 아이는 허둥거리기 시작했다.

"어, 타이머가 나타났어! 지금부터 두 번째 미션이 시작되나 봐!"

"그런가 봐, 감성빈. 그런데 첫 번째 미션 때에는 메시지가 나왔는데, 왜 이번에는 안 나오지?"

온누리의 의문에 잠시 생각하던 천재인이 손가락을 딱 튀기며 말했다.

"아바타가 마실 물을 찾는 것이 두 번째 미션인가 본데?"

"그런 것 같아. 첫 번째 미션 때처럼 집 안에 있는 물건들을 클릭해서 힌트를 찾자."

이 마을은 주변의 산에 있는 열 개의 아름답고 깨끗한 호수 덕에 물 걱정을 하지 않고 풍요롭게 살아왔다. 그런데도 이 마을 사람들은 물을 구하려고 다른 마을에서 온 사람들을 무자비하게 때리고 쫓아냈다. 나의 가족도 그들에게 쫓겨나 결국 갈증으로 죽고 말았다. 그래서 나는 가족의 복수를 위해 호수에 진한 염산을 풀었다. 그것을 모르는 마을 사람들은 호수의 물을 마시고 병이 났으며, 그 물로 기르던 가축과 농작물도 큰 피해를 입었다. 결국, 사람들은 마을을 버리고 떠날 수밖에 없었다. 하지만 그들이 모르는 사실이 하나 있다. 열 개의 호수 중 한 개에는 염산을 풀지 않았다는 사실. 나는 다른 곳에서 물을 구하려 오는 이들을 위해 이것만은 알려 주고자 한다. 오염되지 않은 호수는 주변의 산 중 가장 높은 산, 경사가 가장 완만한 곳에 있다.

온누리의 말에 천재인은 마우스를 움직여 가구를 하나하나 클릭했다. 하지만 아무런 메시지도 나타나지 않았다. 천재인은 다급해진 마음에 마우스를 마구 움직여 여기저기를 빠르게 클릭했다. 그때, 우연히 테이블 위에 있는 책을 건드렸는지 책이 갑자기 펼쳐졌다.

"이 책에 메시지가 있나 봐!"

천재인은 책을 클릭해 글씨가 보이도록 확대했다. 누군가의 일기장 같았다. 세 아이는 펼쳐진 페이지에 적힌 글을 재빨리 읽어 내려갔다.

"맙소사! 호수에 염산을 풀었다고? 이런 나쁜 짓을 하다니!"

글을 다 읽은 천재인이 큰 소리로 화를 냈다. 천재인의 이런 모습을 처음 본 온누리와 감성빈이 깜짝 놀라며 물었다.

"왜 그래? 염산이 뭔데?"

"염산은 독성이 아주 강한 물질이야. 금속을 녹슬게 하고 생물의 조직을 파괴하기 때문에 피부에 염산이 닿으면 심한 화상을 입을 정도야. 그래서 아주 조심해서 다루어야 하는 물질인데, 그걸 사람이 마실 물에 풀다니……."

"헐~. 그럼, 아바타가 그 물을 마시면 죽을 수도 있겠네?"

온누리의 말에 천재인은 어두운 얼굴로 고개를 끄덕였다. 그리고 아바타를 집 밖으로 이동시켜 주변을 돌아보았다.

"지금 당장 아바타가 마실 물을 찾아야 하는데, 이 글에 따르면 열 개의 호수 가운데 한 개만 물을 마실 수 있어. 심지어 그 호수는 가장 높은 산에 있대. 아바타가 열 개의 호수를 다 돌아다니며 찾다가는 쓰러

지고 말 거야."

천재인의 말대로 집 주변을 살펴보자, 높은 산이 집을 빙 둘러싸고 있었다. 풍경은 멋졌지만, 감성빈은 한숨이 나왔다.

"어휴, 산 하나만 올라갔다 내려와도 주어진 시간이 다 끝나겠네."

"게다가 산속 어디에 호수가 있는지도 모르잖아. 여기서 보이지도 않고."

이어진 천재인의 말에 온누리가 고개를 들며 말했다.

"맞아. 아바타는 벌써 목마르다고 괴로워하는데. 안 되겠어. 우선, 호수가 어디에 있는지 그것부터 알아내야겠어."

"어떻게?"

온누리는 대답 대신, 천재인의 손에 있던 마우스를 잡았다.

지도로 호수의 위치를 알아내라!

온누리는 마우스를 움직여 아바타를 집 안으로 다시 들어가게 했다. 그리고 테이블 위에 쌓인 종이 뭉치를 하나하나 클릭했다.

"온누리, 뭘 찾는 거야?"

"여기 테이블 위에 나침반이랑 각도계, 자가 있지? 이걸로 보아 여기 어딘가에 지도가 있을 거야. 지도가 있으면 호수를 찾는 시간을 많이 줄일 수 있어."

온누리의 예상은 적중했다. 테이블 위에 있는 종이 뭉치 가운데 하나를 클릭하자, 종이가 펼쳐지며 지도가 나타난 것이다.

"찾았다!"

감성빈과 천재인은 지도를 자세히 보려고 모니터 쪽으로 당겨 앉았다. 그런데 오래되어 누렇게 바랜 지도에는 온통 알 수 없는 것만 그려져 있었다.

"난 또 그림이나 사진처럼 자세히 나와 있는 줄 알았더니, 이게 뭐야? 난 뭐가 뭔지 하나도 못 알아보겠다."

감성빈이 투덜거리자 온누리가 씨익 웃으며 대답했다.

"지도는 실제 거리를 일정한 비율로 줄인 그림이야. 많은 사람이 지도를 보고 여러 가지 지리적인 정보를 얻어야 하기 때문에, 자세히 그리기보다는 최대한 간단하게 그려야 해. 그래야 작은 종이 위에 되도록 많은 정보를 표시할 수 있거든."

"그럼, 이 지도에 이 주변의 산이나 호수 같은 것도 다 나와 있어?"

천재인이 묻자 온누리가 손가락으로 지도의 한구석을 가리켰다.

"응. 먼저, 이 지도를 제대로 보려면 방위를 확인해야 해. 여기 '4' 표시 보이지? 이게 방위를 나타내는 표시야. 위쪽이 북쪽이고 아래쪽이 남쪽이란 뜻이지. 그러면 자연스럽게 오른쪽은 동쪽, 왼쪽은 서쪽이 되겠지? 그리고 여기에 아바타가 있는 이 집이 있어. 방위를 보면 집의 북쪽과 동쪽, 서쪽에 산이 하나씩 있네."

감성빈이 지도 위에 있는 검은 삼각형 표시를 가리켰다.

"이게 산을 표시하는 기호야?"

"맞아. 딱 봐도 알기 쉽게 그려졌지?"

"네 말을 듣고 보니 그러네. 그럼 이 기호 밑에 있는 숫자는 뭐야?"

"그건 산의 높이를 나타내는 거야. 이걸 보면 북쪽에 있는 산의 높이는 180미터, 서쪽에 있는 산의 높이는 250미터, 동쪽에 있는 산의 높이는 380미터라고 되어 있어."

천재인도 지도에 관심을 보이며 자세히 들여다보기 시작했다. 천재인이 파란 테두리로 그려진 기호를 가리키며 물었다.

"그럼 이게 혹시 호수를 나타내는 기호야?"

"응, 맞아."

"그리고 보니 호수 기호가 정말 많네. 하나, 둘, 셋, ……. 모두 합해서 열 개! 일기에 적힌 그대로다."

세 아이가 지도를 통해 파악한 호수의 개수는 북쪽 산에 세 개, 동쪽 산에 다섯 개, 서쪽 산에 두 개였다.

"지도를 보니까 어느 산에 몇 개의 호수가 있는지 알 수 있구나. 그리고 어디에 있는지도 정확히 알 수 있고. 좋아! 이 지도를 보고 호수를 찾으러 가면 되겠다."

천재인이 말을 끝내기 무섭게 아바타를 조종하려 하자, 온누리가 재빨리 천재인이 쥔 마우스를 다시 가로챘다.

"잠깐 기다려. 열 개의 호수를 다 찾아다닐 시간이 없어."

온누리는 일기에 적힌 호수의 위치를 떠올리며 말했다.

"일기장을 보면 염산을 넣지 않은 호수는 주변의 산 중 가장 높은 산에 있다고 했잖아. 그러니까 높이가 380미터로 가장 높은 동쪽 산에 있

는 호수 가운데 하나일 거야."

"맞다! 그런데 아휴, 동쪽 산에는 호수가 다섯 개나 있어."

감성빈이 머리를 쥐어뜯자, 천재인도 심각한 얼굴로 중얼거렸다.

"다섯 개 중 하나라. 그것도 만만치 않겠는걸?"

하지만 온누리는 밝은 목소리로 말했다.

"그것도 어느 정도 숫자를 줄여 볼 수 있을 것 같아."

"오, 진짜?"

천재인이 눈을 동그랗게 뜨며 온누리를 보았다.

"일기에 이렇게 적혀 있었잖아. 가장 높은 산, 경사가 가장 완만한 곳에 있는 호수라고. 그러니까 경사가 가장 완만한 곳에 있는 호수를 지도에서 먼저 찾으면 돼."

온누리의 말에 감성빈이 놀란 토끼처럼 온누리를 보며 물었다.

"경사가 완만하다는 것도 지도에서 알아낼 수 있어?"

"응, 등고선을 보면 돼."

"등고선은 또 뭐야?"

"여기 지도에 보면 길게 이어져 있는 선들 보이지? 이게 바로 등고선이야. '등고선'이란 높이가 같은 곳을 선으로 이은 거야."

온누리의 설명에 천재인이 손뼉을 탁 치며 말했다.

"그래서 산에는 등고선이 여러 개 그려져 있구나. 그러니까 이게 입체를 표시하는 거네?"

"맞아!"

감성빈도 이해가 되었는지 고개를 끄덕이며 말했다.

"입체라고 하니 이해가 쉽네. 그럼 등고선으로 경사가 완만한 곳을 어떻게 알 수 있는데?"

"등고선의 간격을 보면 돼. 자, 동쪽 산의 등고선을 잘 봐. 여기 북쪽 면은 등고선 간격이 좁지? 그건 높이 차이가 크다는 거야. 즉, 경사가 가파르다는 뜻이지. 하지만 남쪽은 등고선의 간격이 넓어. 이건 높이 차이가 작다, 즉 경사가 완만하다는 뜻이지. 그러니까 우리가 올라갈 곳은 동쪽 산의 남쪽 면이 돼. 이쪽에 호수가 세 개 있어. 그러니까 이 호수 가운데 하나가 염산에 오염되지 않은 호수일 거야."

온누리는 어느 때보다 자신감에 가득 차 있었다.

"좋아. 세 개의 호수라면 해 볼 만하겠어! 얼른 아바타를 동쪽 산으로 가게 하자."

천재인이 마우스를 움직이자, 아바타는 힘들다는 표정을 지으며 일어났다. 그 모습에 감성빈과 온누리도 괴로운 표정을 지었다.

"아휴, 힘들지? 조금만 참아. 우리가 시원한 물을 마시게 해 줄게."

감성빈이 모니터를 어루만지며 말했다. 천재인이 그 모습을 보며 어이없다는 듯 말했다.

"저기, 이 아바타는 우리가 만든 게임 속 캐릭터야. 너무 감정 이입하지 말아 줄래?"

그러자 감성빈은 천재인을 노려보며 말했다.

"넌 너무 차가워!"

집에서 나온 아바타는 동쪽 산으로 걸어갔다. 그리고 산 입구에 도착하자, 세 갈래 길을 표시하는 표지판이 나왔다. 동쪽과 남쪽, 그리고 서쪽 길. 천재인은 주저 없이 아바타를 남쪽 길로 들어서게 했다.

오염된 호수를 알려 주는 약

남쪽 길로 들어서자 지도를 보고 예측한 그대로 경사가 완만한 산길이 이어졌다. 발이 푹푹 빠지는 사막을 걷다가 풀과 꽃이 핀 산길을 걷게 된 아바타는 약간 기운을 차린 듯했다. 그때, 온누리가 계속 머릿속에 맴돌던 걱정 하나를 꺼내 놓았다.

"그런데 말이야, 호수의 물이 염산에 오염되었는지 아닌지를 어떻게 알아내지? 아바타에게 마셔 보게 할 수는 없잖아."

"그렇다고 냄새로 알아낼 수도 없고……."

감성빈도 걱정스레 말했다. 그때, 천재인이 갑자기 아바타를 멈추게 했다.

"나한테 좋은 생각이 났어."

천재인은 마우스를 움직여 길옆으로 아바타를 이동시켰다. 길옆에는 보라색 꽃이 가득 피어 있었는데, 그 꽃에 마우스를 갖다 대자 '붓꽃'이라는 이름이 나타났다.

"좋았어! 이거면 돼."

천재인은 아바타를 움직여 붓꽃을 여러 송이 따기 시작했다. 천재인의 행동에 감성빈이 궁금증을 이기지 못하고 물었다.

"꽃은 갑자기 왜 따? 혹시 그 꽃이 먹을 수 있는 꽃이야? 그래서 아바타에게 먹이려고?"

"아니, 이 붓꽃으로 물이 염산에 오염되었는지 알아낼 거야."

"꽃으로? 어떻게?"

천재인은 붓꽃을 아바타의 가방 안에 집어넣으며 설명을 시작했다.

"염산에 오염된 호수의 물을 사람과 가축이 마셨다고 했어. 염산은 산성을 띠는 물질이야. 그래서 염산이 들어간 물도 산성을 띠지. 산성 용액은 냄새나 색깔로는 구별되지 않고, 신맛이 나는 경우가 많아서 구별할 수 있어. 하지만 그때는 이미 물을 마신 뒤라 소용없겠지. 그래서 난 물이 산성인지 아닌지를 미리 알아내려고 지시약을 쓸 거야."

"지시약? 그게 뭐지?"

"'지시약'이란 용액의 성질을 알아내기 위해 사용하는 약품이야. 지시약 중에는 어떤 물질이 산성인지 알아내는 데 쓰는 것들이 있어. 리트머스 종이나 페놀프탈레인 용액이 대표적이지. 어떤 용액을 붉은색과 푸른색 리트머스 종이에 떨어뜨렸을 때 푸른색 리트머스 종이가 붉게 변하면 산성이고, 붉은색 리트머스 종이가 푸르게 변하면 염기성이지. 또, 페놀프탈레인 용액은 산성에서는 무색으로 아무런 변화가 없고, 염기성 용액에서는 붉은색으로 변해."

온누리는 문득 집에서 했던 실험이 떠올랐다.

"나도 그거 알아! 실험해 봤거든. 그런데 지금은 리트머스 종이가 없잖아? 페놀프탈레인 용액도 물론 없고 말이야."

"리트머스 종이 대신 붓꽃이 있잖아."

"어? 그럼 붓꽃도 지시약이 될 수 있어?"

"당연하지! 리트머스 종이도 사실은 리트머스이끼에서 짜낸 즙을 종이에 물들인 거야. 옛날에는 자주색 양배추나 장미, 나팔꽃, 포도, 튤립 같은 식물의 즙을 지시약으로 썼어. 물론 붓꽃도 쓰였지. 붓꽃의 즙을 내어 용액에 떨어뜨렸을 때 붓꽃 즙의 보라색이 붉은색으로 변하면 용액이 산성이라는 뜻이야. 그런데 물은 산성도 염기성도 아닌 중성이기 때문에, 염산에 오염되지 않은 물은 붓꽃 즙을 떨어뜨렸을 때 아무런 변화가 없을 거야."

"와! 그럼 아주 간단히 호수 물을 구별할 수 있겠구나!"

온누리는 천재인의 능력에 진심으로 놀라워했다. 그리고 천재인 몰

래 감성빈과 눈빛을 교환하며 엄지를 치켜들었다. 그때, 천재인이 모니터를 가리키며 말했다.

"저기 호수가 나타났어!"

아바타는 어느새 첫 번째 호수에 도착했다. 천재인은 아바타를 움직여 호수 주변에 있는 돌로 붓꽃을 짓이겨 즙을 냈다.

"이 즙을 물에 떨어뜨리면 호수가 염산에 오염되었는지 아닌지를 알 수 있을 거야."

세 아이는 물에 떨어진 붓꽃 즙이 서서히 퍼지는 모습에 숨을 멈추었다. 그런데 순식간에 호수 물이 붉은색으로 변하는 것이 아닌가? 온누리가 천재인을 바라보며 소리쳤다.

"어? 색이 빨갛게 변했어."

"이 호수는 염산에 오염된 호수야. 물을 마실 수 없어."

"그럼 오른쪽에 있는 두 번째 호수로 가 봐야겠다."

천재인이 감성빈에게 물었다.

"시간이 얼마 남았지?"

"4분 남았어. 4분 안에 두 개의 호수를 모두 검사할 수 있을까?"

세 아이는 자꾸만 줄어드는 타이머의 시간을 보며 자신도 모르게 주먹을 꽉 쥐었다. 그때, 아바타가 더는 힘이 없는 듯 휘청거리기 시작했다. 온누리와 감성빈은 차례로 아바타를 응원했다.

"어떡해. 힘내! 조금만 참아!"

"저기 두 번째 호수가 보인다!"

아바타는 미리 만든 붓꽃 즙을 두 번째 호수에 떨어뜨렸다. 하지만 이번에도 호수 물은 붉게 변하고 말았다. 천재인은 아무 말도 하지 않고 세 번째 호수를 향해 재빨리 아바타를 움직였다. 이제 남은 시간은 1분. 세 아이의 등에서는 식은땀이 흐르고 있었다.

"저 호수마저도 오염되었다면, 우리는 여기서 떨어지는 거지?"

감성빈은 많이 긴장되는 듯, 입술을 잘근잘근 씹기 시작했다. 온누리도 가슴이 떨리긴 마찬가지였지만, 자신의 판단을 굳게 믿었다.

"일기에 나온 내용이 맞다면, 분명 저 호수가 염산에 오염되지 않은 유일한 호수일 거야. 그러니까 걱정하지 마. 나 이래 봬도 사회 과목에서는 최고라고."

"그, 그래."

그사이, 아바타는 세 번째 호수에 도착했다. 천재인은 아바타를 엄청 빠른 속도로 움직여 호수 물 위에 붓꽃 즙을 떨어뜨렸다. 그런데 물에서 아무런 변화도 나타나지 않았다.

"여기야! 이 호수의 물이 염산에 오염되지 않은 물이야!"

"우아!"

세 아이는 환호성을 질렀다. 그 순간, 세 아이는 깜짝 놀랐다. 모니터 화면이 붉은색으로 번쩍거리는 것이 아닌가.

"시간이 다 됐어. 이러다가 우리 떨어지겠어."

"천재인, 빨리 물통에 호수 물을 담아!"

감성빈과 온누리는 자리에서 벌떡 일어나 발을 동동거리며 소리쳤다. 천재인은 입술을 앙다문 채 재빨리 아바타의 물통을 물에 넣었다. 그리고 물통이 가득 차자 곧장 아바타의 입에 가져갔다. 그러자 붉게 번쩍이던 화면이 정상으로 돌아오고, 아바타가 세 아이를 향해 활짝 웃었다.

"아바타가 웃고 있어."

"그럼 우리가 미션을 제시간에 해결한 거지?"

세 아이는 얼른 타이머를 보았다. 타이머의 시간은 '00:00:01'에 멈추어 있었다. 단 1초를 남겨 놓고 미션을 해결한 것이었다.

감성빈이 의자에 축 늘어져 안도의 한숨을 내쉬었다.

"우아, 심장 떨어질 뻔했다."

"우리 진짜 대단하다!"

온누리는 두 손을 맞잡으며 기뻐했다. 그때, 천재인이 모니터를 가리켰다.

"어, 메시지가 나타났어!"

세 아이는 두근거리며 모니터를 바라보았다.

'깨끗한 호수 물로 아바타가 갈증을 해결했습니다. 두 번째 미션 해

결에 성공한 여러분, 축하합니다.'

"아싸!"

첫 번째 미션보다 더 긴박하게 미션을 해결한 세 아이는 저도 모르게 손바닥을 마주쳤다. 처음이었다.

요건 몰랐지?

우연히 발견된 지시약

지시약으로 보통 리트머스 종이나 페놀프탈레인 용액 등을 쓰지? 그렇다면 최초의 지시약이 된 영광의 주인공은 무엇일까? 그건 바로 보라색 제비꽃이야.

아일랜드의 과학자인 로버트 보일은 강한 산성을 띠는 물질인 황산을 얻는 실험을 하고 있었어. 그러다 우연히 옆에 있던 보라색 제비꽃에서 연기가 나는 것을 보았지. 보일은 증발하던 황산이 제비꽃에 묻었음을 알고, 황산을 씻어 내려고 물이 든 비커에 제비꽃을 담가 두었어. 그런데 잠시 뒤에 보니, 보라색 제비꽃이 빨간색으로 변한 것이 아니겠어? 보일은 제비꽃에 다른 산성 용액을 떨어뜨려 보았어. 그러자 이번에도 제비꽃은 붉게 변했지. 보일은 이 실험을 통해 지시약을 만들게 되었어.

기호와 등고선

지도의 기호

'지도'는 실제 거리를 일정한 비율로 줄인 그림이야. 지도를 보면 땅 위의 여러 가지 지리적인 정보를 알 수 있지. 지도를 보고 정확한 정보를 얻어야 하기 때문에, 지도는 정해진 약속에 따라 그려야 해. 이런 약속 가운데 하나가 여러 가지 기호야. 산과 강, 도로, 건물, 논, 밭 등을 작은 종이에 자세히 그려 넣을 수는 없겠지? 그래서 실제 모습을 간단하게 바꾸어 그린 기호로 나타내는 거야. 기호는 실제 모습에서 생김새나 특징을 본떠서 그렸기 때문에, 어떤 기호가 무엇을 나타내는지는 알기 쉬워. 학교, 산, 과수원을 나타내는 기호를 봐. 감이 딱 오지?

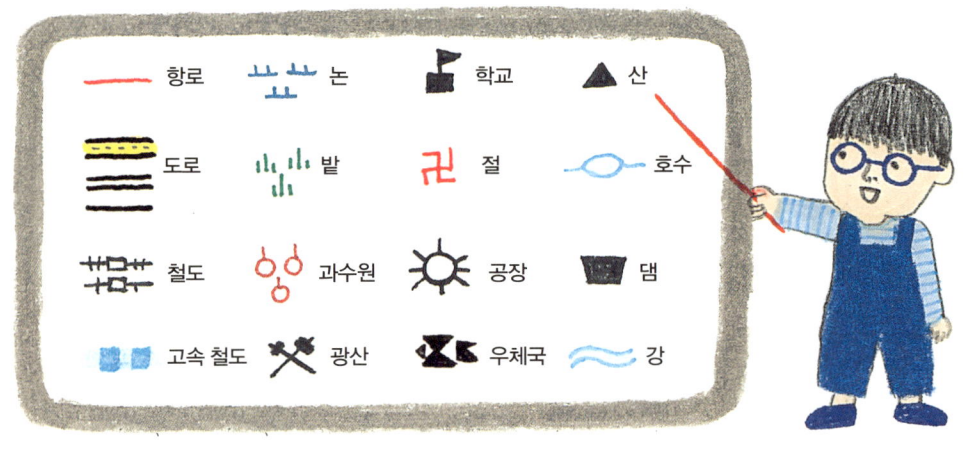

땅의 높낮이를 표시하는 등고선

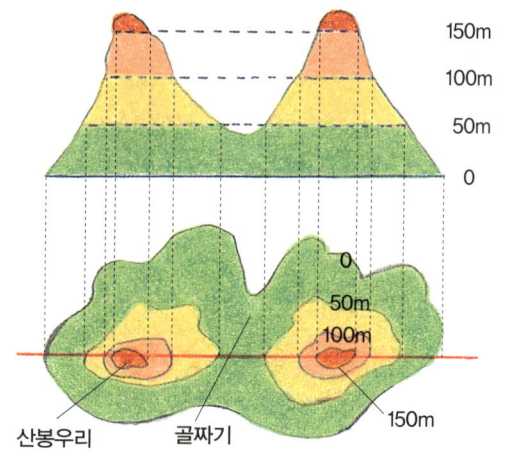

그런데 지도에서 땅의 높낮이도 나타낼 수 있다는 것, 알아? 비밀은 바로 등고선이야. '등고선'은 높이가 같은 곳을 선으로 이은 것을 말해. 등고선 높이의 기준은 바다 표면, 즉 해수면이야. 등고선의 간격은 지도를 얼마나 줄여서 그렸는가에 따라 20m, 50m, 100m 등으로 달라지지.

등고선을 잘 보면 어떤 곳의 높이가 몇 미터인지, 급한 경사인지, 완만한 경사인지 등을 구분할 수 있어. 즉, 등고선은 평면에서 입체를 표시하기 위한 기호인 셈이야. 위의 그림을 보면, 가장 높은 산봉우리는 해발 150m 이상임을 알 수 있어. 그리고 등고선이 가깝게 붙어 있는 곳은 경사가 급한 곳이고, 등고선이 멀리 떨어져 있는 곳은 경사가 완만한 곳이라는 것도 알 수 있지. 또, 산봉우리 쪽으로 쏙 들어간 곳이 있는데, 여기는 골짜기야. 어때? 평평한 지도에서도 높은 산에 대해 많은 것을 알 수 있지?

핵심 콕콕 과학

산과 염기와 지시약

산과 염기란?

우리 주변의 물질은 산성과 염기성으로 나눌 수 있어. 신맛을 내는 물질은 대부분 산성 물질, 즉 산의 성질을 띠는 물질이야. 레몬이나 식초, 김치, 요구르트 같은 것들이지. 하지만 사이다는 신맛이 안 나는데도 산성이야. 이처럼 모든 산이 신맛을 내는 건 아니야. 달걀 껍데기나 대리석처럼 탄산 칼슘이 든 물질은 산성 물질에 닿으면 거품을 내며 녹아.

염기성, 즉 염기의 성질을 띠는 물질은 비누, 샴푸, 세제처럼 부엌이나 화장실에서 쉽게 찾을 수 있어. 염기성 물질은 피부에 닿았을 때 미끌미끌한 느낌을 주는데, 이는 염기성 물질이 단백질과 지방 등을 녹이기 때문이야. 그래서 손자국이 나서 얼룩진 유리를 염기성 물질인 유리 세정제로 닦으면 얼룩이 깨끗이 지워지지.

▲ 산성 물질과 염기성 물질

산과 염기를 구별하는 지시약

그렇다면 어떤 물질이 산성인지 염기성인지 알아내려면 어떻게 해야 할까? 맛을 보거나 만져서 알아내기란 쉽지 않고 위험할 수 있기 때문에, 주로 지시약을 이용해. '지시약'이란 용액의 성질을 알아내기 위해 사용하는 약품을 말해. 지시약은 종류가 아주 다양한데, 용액의 성질에 따라 여러 가지 색깔로 변하지. 그래서 지시약을 이용하면 어떤 물질이 산성 물질인지 염기성 물질인지 바로 알 수 있어.

예를 들어 푸른색 리트머스 종이가 산성 물질에 닿으면 붉게 변하고, 붉은색 리트머스 종이가 염기성 물질에 닿으면 푸르게 변하지. 또, 무색의 페놀프탈레인 용액을 산성 물질에 넣으면 색깔이 무색 그대로 변하지 않지만, 염기성 물질에 넣으면 붉은색으로 변해. 이외에도 자주색 양배추, 장미, 나팔꽃, 포도, 튤립, 붓꽃 등으로도 지시약을 만들 수 있어. 이런 식물에는 산성과 염기성 물질을 만나면 색깔이 변하는 색소가 들어 있거든. 이 지시약은 대부분 산성 물질에서는 붉은색, 염기성 물질에서는 푸른색으로 변하지.

제4장
무서운 괴물을 물리쳐라

온라인 예선 　세 번째

동굴에 들어간 아바타

두 번째 미션에 성공했다는 메시지가 나타난 뒤, 아바타는 경쾌한 음악에 맞춰 몸을 흔들흔들하고 있었다. 그리고 나란히 앉은 세 아이 역시 자신들도 모르게 아바타처럼 몸을 흔들고 있었다. 그때, 계속 싱글벙글 웃던 감성빈이 양쪽에 앉은 온누리와 천재인의 어깨를 감싸며 이렇게 말했다.

"이야! 우리 셋이 뭉치니까 해결 못 하는 것이 없잖아? 정말 멋진 팀이다. 그렇지?"

그러자 천재인도 고개를 끄덕이며 온누리를 쳐다보았다. 말은 하지 않았지만 온누리를 인정한다는 뜻이었다. 감성빈도 천재인의 마음을 눈치챈 듯 온누리에게 윙크를 보내며 말했다.

"온누리가 지도에 대해 설명할 때 정말 멋졌어. 지도를 보고 호수의 위치를 알아내지 못했다면 우린 분명히 떨어지고 말았을 거야. 온누리 대단해요요요~."

두 아이의 칭찬에 온누리의 얼굴이 빨개졌다.

"아니야, 뭘……. 천재인이 지시약을 생각해 낸

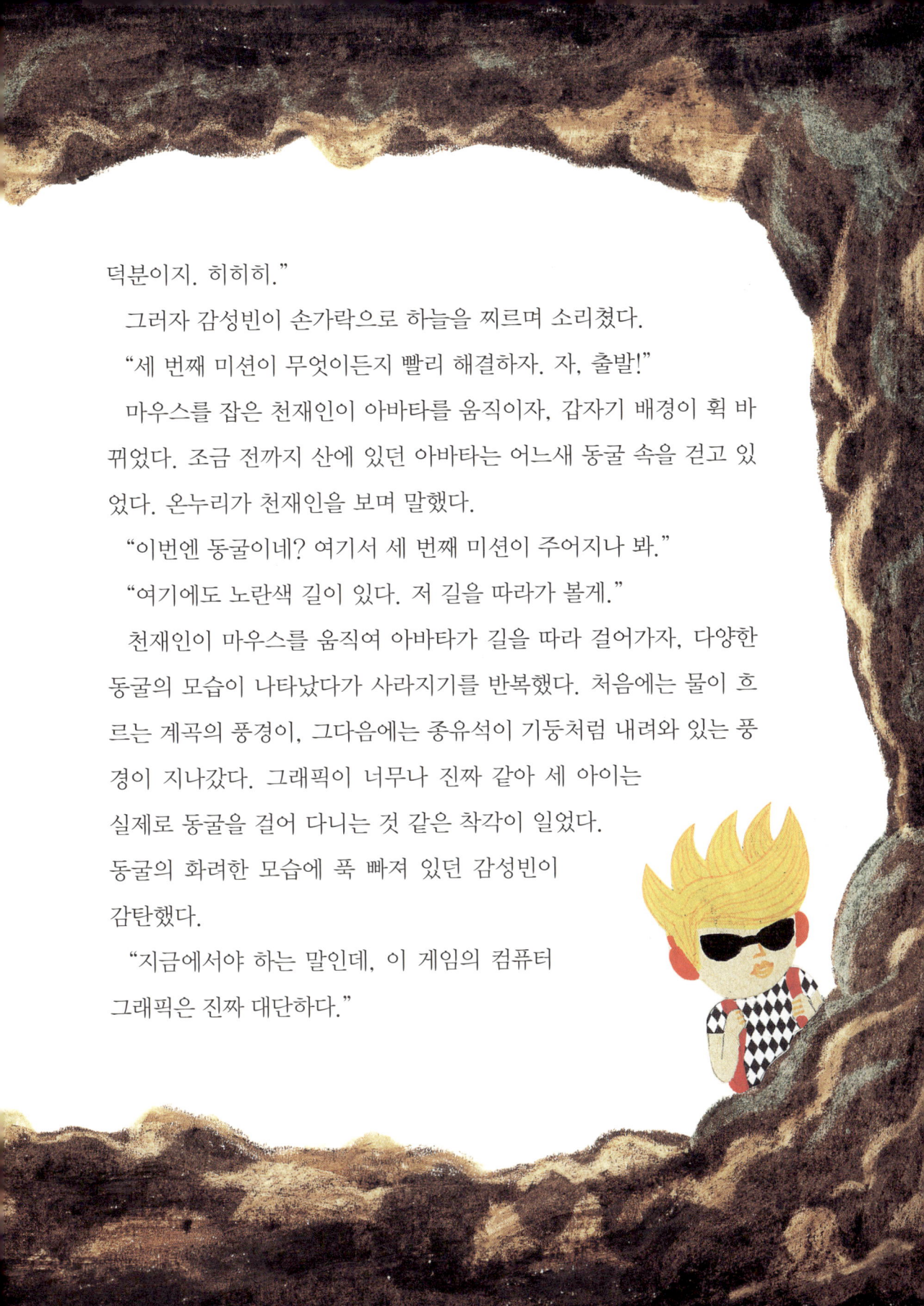

덕분이지. 히히히."

그러자 감성빈이 손가락으로 하늘을 찌르며 소리쳤다.

"세 번째 미션이 무엇이든지 빨리 해결하자. 자, 출발!"

마우스를 잡은 천재인이 아바타를 움직이자, 갑자기 배경이 휙 바뀌었다. 조금 전까지 산에 있던 아바타는 어느새 동굴 속을 걷고 있었다. 온누리가 천재인을 보며 말했다.

"이번엔 동굴이네? 여기서 세 번째 미션이 주어지나 봐."

"여기에도 노란색 길이 있다. 저 길을 따라가 볼게."

천재인이 마우스를 움직여 아바타가 길을 따라 걸어가자, 다양한 동굴의 모습이 나타났다가 사라지기를 반복했다. 처음에는 물이 흐르는 계곡의 풍경이, 그다음에는 종유석이 기둥처럼 내려와 있는 풍경이 지나갔다. 그래픽이 너무나 진짜 같아 세 아이는 실제로 동굴을 걸어 다니는 것 같은 착각이 일었다. 동굴의 화려한 모습에 푹 빠져 있던 감성빈이 감탄했다.

"지금에서야 하는 말인데, 이 게임의 컴퓨터 그래픽은 진짜 대단하다."

감성빈의 말에 천재인도 고개를 끄덕였다.

"웬만한 게임보다 훨씬 더 잘 만든 것 같아."

"그래서 나도 게임에 완전 몰입했어."

그렇게 동굴을 구경하던 아이들은 어느새 넓은 방처럼 생긴 곳에 도착했다. 노란색 길은 그곳에서 끝나 있었다. 세 아이는 세 번째 미션이 주어질 거라는 예감에 주변을 자세히 살펴보기 시작했다.

"저쪽 동굴 벽에 글씨가 있어."

천재인이 아바타를 움직여 벽 쪽으로 가자, 벽에 이렇게 씌어 있었다.

'동굴 밖으로 나가면 모험은 끝납니다.'

"진짜? 동굴 밖으로 나가기만 하면 되는 거야?"

감성빈이 아쉬운 듯 입술을 삐죽거렸다. 그리고 혼잣말처럼 두 아이

에게 물었다.

"그런데 어디로 나가면 되지?"

"반대편에 가느다란 빛이 보였어. 그쪽이 밖으로 나가는 길 아닐까?"

온누리의 대답에 천재인은 아바타를 온누리가 말한 빛 쪽으로 이동시켰다. 빛에 가까이 다가가자 동굴 출구가 보이기 시작했다.

"이거 너무 쉬운데?"

감성빈의 말에 천재인도 뭔가 이상하다는 듯 고개를 갸우뚱거리며 마우스를 움직였다. 그런데 동굴 출구에 도착하려는 순간!

"크아아아악!"

"으악! 깜짝이야!"

세 아이는 너무 크게 놀라 의자에서 벌떡 일어나고 말았다.

"뭐, 뭐야, 이게!"

세 아이는 갑자기 나타난 괴물 때문에 심장이 멎을 뻔했다. 머리는 늑대처럼 생기고 몸통은 악어처럼 생긴 괴물은 사나워 보이는 눈과 무시무시한 이빨을 가지고 있었다. 괴물은 불을 뿜으며 아바타를 위협했는데, 금방이라도 모니터에서 튀어나와 아이들을 물어뜯을 것 같았다.

"아바타가 다치겠어! 얼른 뒤로 물러나!"

비명에 가까운 온누리의 말에 천재인은 바로 마우스를 잡았다. 그리고 아바타를 괴물에게서 멀리 떨어뜨렸다.

"도대체 어디서 나타난 거야?"

감성빈은 여전히 심장이 벌렁거리는 듯 가슴에 손을 얹고 있었다. 천재인은 아바타의 위치를 이리저리 옮기며 괴물의 움직임을 살폈다.

"저 괴물이 출구를 지키고 있나 봐. 아바타가 출구에서 멀어지면 괜찮은데, 조금만 가까이 다가가면 무섭게 덤벼드네."

온누리와 감성빈은 그제야 의자에 다시 앉았다. 그리고 온누리가 화면 구석에 있는 타이머를 발견했다.

"여기 타이머가 작동됐어. 괴물이 나타났을 때부터 미션이 시작되었나 봐."

온누리의 말에 감성빈이 한숨을 푹 쉬었다.

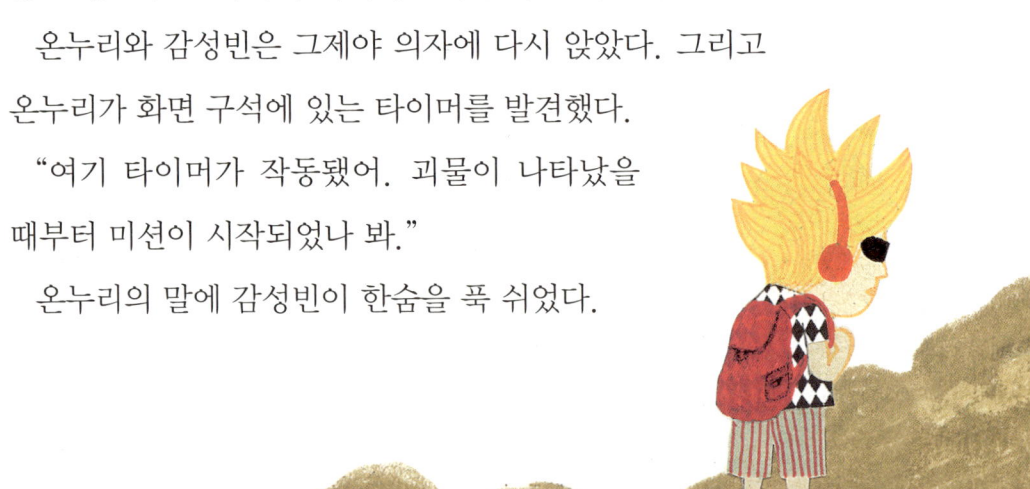

"그럼 그렇지. 어쩐지 너무 쉽다 했다."

"세 번째 미션은 저 괴물을 피해 동굴 밖으로 나가는 거구나."

천재인이 미션을 정리했다. 세 아이는 어떻게 해야 할지 방법을 알지 못해 막막했다.

"먹이를 던져서 유인해야 하나? 그럼 먹이는 어디서 구하지?"

"감성빈, 잠깐만. 저 괴물 앞에 있는 게 뭐지?"

온누리가 손가락으로 가리킨 곳에는 기다란 막대기 같은 것이 놓여 있었다. 천재인이 아바타를 움직여 가까이 다가가자, 괴물은 또다시 맹렬히 덤벼들었다. 세 아이는 스피커를 통해 들리는 괴물의 울음소리에 머리가 지끈거렸다.

"저거 피리같이 생겼는데?"

"아무래도 미션을 해결할 힌트인 것 같아. 천재인, 잡을 수 있겠어?"

온누리의 말에 천재인은 잠시 심호흡을 한 뒤, 마우스를 재빨리 움직여 피리 쪽으로 아바타를 데려갔다. 그리고 물어뜯으려는 괴물의 시뻘건 입을 피해 간신히 아바타의 손에 피리를 쥐어 주었다.

"우아, 내가 꼭 저 괴물 앞에 서 있는 것 같아."

감성빈은 겁에 질린 나머지 모니터에서 최대한 멀어지려는 듯 의자를 뒤로 뺐다. 하지만 천재인과 온누리는 피리를 자세히 보기 위해 앞으로 다가갔다.

"피리 맞아. 그리고 몸통에 글씨가 새겨져 있어."

천재인과 온누리는 동시에 글씨를 읽었다.

"보통 빠르게로 자장가를 연주하면 괴물이 잠들 것이다?"

"자장가를 연주하면 된다고? 그럼 감성빈이 하면 되겠다. 감성빈, 이리 좀……."

온누리가 감성빈을 돌아보며 말했다. 하지만 감성빈은 스피커를 통해 들리는 괴물의 울음소리가 괴로운 듯 귀를 막은 채 눈을 꼭 감고 있었다. 온누리와 천재인은 하는 수 없이 둘이서 해결해 보기로 했다.

"자장가를 연주하면 되잖아? 그 정도는 나도 할 수 있어."

지난 학기에 리코더 연주로 좋은 점수를 받은 온누리가 자신 있는 표정을 지었다. 천재인은 아바타의 음악 연주 기능을 불러와 온누리가 자장가를 연주할 수 있도록 해 주었다.

"여기 자판을 누르면 아바타가 피리를 불게 돼. 'A'가 도, 'S'가 레, 'D'가 미……. 알았지?"

"피아노 건반처럼 누르면 된다는 거지?"

"응."

온누리는 리코더 연주 시험을 보느라 외웠던 모차르트 자장가를 흥얼거리며 음을 기억해 냈다.

"미파미레도레도, 도파파파솔라솔……. 좋아, 이제 연주할게."

준비를 모두 마친 온누리가 자판을 쳤다. 그러자 아바타도 동시에 피리를 불기 시작했다. 그런데 갑자기 괴물이 아바타를 공격하는 것이 아닌가?

"어어어어!"

깜짝 놀란 온누리가 자판에서 손을 떼자, 음악이 끊기며 괴물도 공격을 멈추고 뒤로 물러났다. 온누리와 천재인은 안도의 한숨을 쉬었다. 하지만 아바타를 본 두 아이는 저도 모르게 소리를 질렀다.

"아바타가 다쳤어!"

"피, 피가 나!"

갑작스런 사고에 온누리와 천재인은 너무 놀라 입을 다물지 못했다.

음악은 빠르기가 중요하다고?

그때까지 눈과 귀를 닫은 채 뒤에 앉아 있던 감성빈이 두 아이가 지르는 비명에 놀라 눈을 떴다. 그리고 아바타의 모습을 보고는 깜짝 놀라 다가왔다.

"맙소사! 왜 이렇게 된 거야?"

감성빈은 옷이 찢어지고 피를 흘리는 아바타의 모습에 자신이 다친 것처럼 괴로워하며 물었다. 하지만 온누리와 천재인도 그 이유를 알 수 없었다.

"자장가를 연주하면 괴물이 잠들 거라고 피리에 적혀 있어서 그렇게 했는데, 갑자기 괴물이 덤벼들었어."

"자장가?"

"응. 내가 모차르트 자장가를 연주했는데, 혹시 음을 잘못 눌렀나?"

자신 때문에 아바타가 다친 것 같아 속이 상한 온누리는 울상을 짓고 있었다.

"그건 아닌 것 같아. 음은 제대로 눌렀어."

천재인의 말도 온누리에게는 위로가 되지 않았다.

그사이, 감성빈은 뒤늦게 피리에 새겨진 글씨를 읽었다. 그러고는 고개를 갸우뚱거리며 말했다.

"'보통 빠르게로 자장가를 연주하면 괴물이 잠들 것이다.'라……. 이게 문제였나?"

감성빈의 말에 온누리가 여전히 울상인 채 물었다.

"문제라니? 뭘 말하는 거야?"

"'보통 빠르게'라는 거. 이 말이 있는 게 이상하지 않아?"

감성빈의 말에 천재인이 고개를 끄덕였다.

"나도 아까 그게 좀 걸렸어. 그런데 '보통 빠르게'가 뭔데?"

"그걸 모르다니! 음악에서 빠르기가 얼마나 중요한데."

감성빈의 말에 온누리가 발을 동동거리며 재촉했다.

"모르니까 묻지! 보통 빠르게가 도대체 뭐냐고!"

온누리의 격한 말투에 감성빈도 천재인도 깜짝 놀랐다. 감성빈은 온누리의 눈치를 보며 재빠르게 설명을 이어 갔다.

"어어, 그걸 어떻게 설명해야 하나? 예를 들면 모차르트 자장가는 '잘~자~라~ 우~리~아~가아~, 앞~뜰~과 뒷~동~산~에에~.'처럼 느리게 부르지? 그런데 이 곡을 이렇게 불러 볼게."

감성빈은 느릿느릿한 모차르트의 자장가를 꼭 랩을 하듯 빠르게 불러 주었다.

"'잘 자라 우리 아가. 앞뜰과 뒷동산에.' 어때, 온누리. 같은 음악이지만 느낌이 확 달라지지?"

"응, 다른 음악 같아."

"그래서 '빠르기'를 음악의 기본적인 요소 가운데 하나라고 해. 아무리 연주를 잘하거나 잘 짜여진 음악이라도 너무 빠르거나 너무 느리면 좋은 연주라고 할 수 없거든. 작곡가는 음악의 완성도를 위해서 음악의 빠르기를 악보 첫머리에 빠르기말로 표시하고, 연주자는 그 빠르기말을 보고 올바른 빠르기로 연주하지."

"그럼 '보통 빠르게'라는 건 얼마큼 빠른 건데?"

"음······. 정확히 말하면, 1분에 사분음표가 90번 정도 연주되는 빠르기야. 이 '보통 빠르게'를 기준으로 '매우 빠르게', '빠르게', '조금 빠르

게', '보통 빠르게', '조금 느리게', '느리게', '매우 느리게'로 구분하지."

감성빈의 설명을 듣자, 온누리와 천재인은 더욱 머리가 아파 왔다.

"음악에서 빠르기가 중요하고, '보통 빠르게'가 빠르기의 기준이라는 건 알겠어. 그런데 1분에 사분음표를 90번 정도 연주한다니, 네 설명으로는 그게 어느 정도의 속도인지 느낌이 오지 않아."

천재인의 의문에 감성빈도 머리를 쥐어뜯었다.

"아, 메트로놈만 있으면 정확하게 보통 빠르게로 연주할 수 있을 텐데……."

"메트로놈이 뭔데?"

"시계추 같은 추가 왔다 갔다 하면서 박자를 세는 기계 말이야. 아,

그것만 있으면…….”

세 아이는 다쳐서 고통스러워하는 아바타와 자꾸만 줄어드는 시간을 보며 괴로운 표정을 지었다. 그런데 그때, 감성빈이 손가락을 튕기며 소리쳤다.

"아, 그래! 심장, 심장이야!"

천재인은 어리둥절한 표정으로 감성빈을 쳐다보며 물었다.

"갑자기 심장이라니? 무슨 소리야?"

"원래 음악에서 빠르기의 기준은 사람의 심장이 뛰는 박동 수였어. 인간의 심장 박동과 비슷한 빠르기의 음악이 편안하게 느껴졌기 때문

잘 자라 우리 아가, 앞뜰과 뒷동산에.

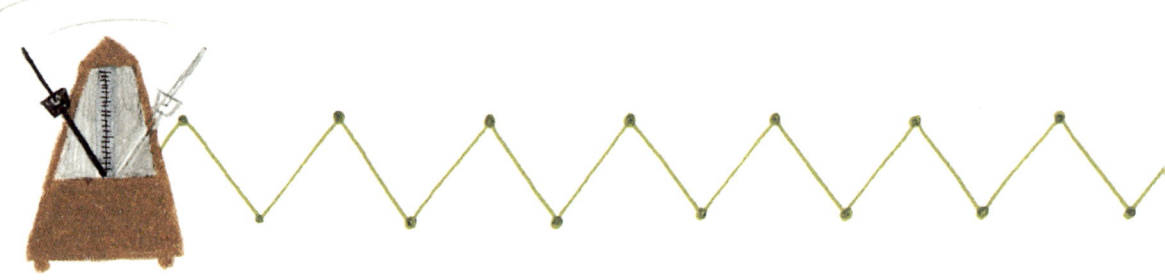

이지. 그러니까 심장 박동 수에 맞추어 연주하면 그 빠르기가 보통 빠르게가 될 거야. 메트로놈이 없어도 된다고!"

자신이 큰 문제를 해결했다는 생각에 감성빈은 온누리의 손을 잡고 폴짝폴짝 뛰었다. 하지만 온누리는 여전히 얼굴이 어두웠다.

"왜 그래, 온누리?"

"저기, 그게 좋은 방법인 건 알겠는데, 사람의 심장 박동 수를 어떻게 알아내지?"

"아?"

그 순간, 감성빈의 모습은 정지 화면처럼 보였다.

자장가를 심장 박동 수에 맞추어라!

"그건 걱정은 하지 마!"

우울해하는 두 아이에게 천재인이 자신 있는 목소리로 말했다.

"심장 박동 수를 쉽게 알아내는 방법이 있어."

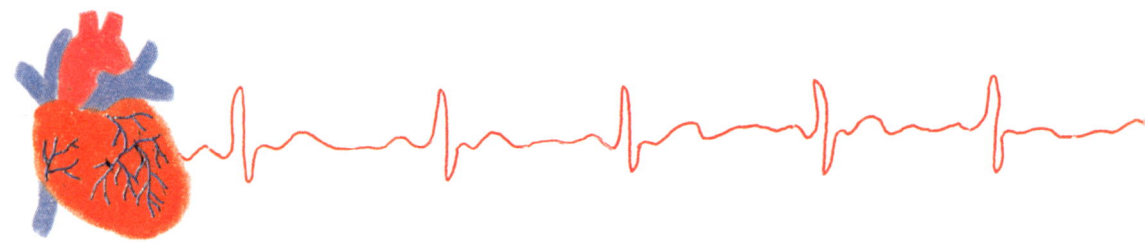

"무슨 방법인데?"

온누리가 물었다.

"맥박을 재면 돼."

"맥박?"

천재인은 오른손 둘째, 셋째, 넷째 손가락을 모아 왼쪽 손목으로 가져갔다. 그리고 손목 위쪽을 지그시 누르며 말했다.

"너희도 나처럼 해 봐. 그러면 손가락 끝에서 뭔가가 느껴질 거야."

천재인을 따라 온누리와 감성빈도 왼쪽 손목을 살짝 눌러 보았다. 그러자 손가락 끝에서 팔딱팔딱 뛰는 느낌이 났다.

"어, 느껴져!"

"나도."

"그게 바로 맥박이야. 심장은 뛸 때마다 엄청난 힘으로 피를 밀어내는데, 그 피가 혈관의 벽에 닿으면서 혈관이 규칙적으로 떨려. 그 떨림을 '맥박'이라고 해. 맥박은 손목이나 목 중간처럼 피부가 얇은 곳에 있는 혈관을 통해 느낄 수 있지. 맥박의 빠르기는 심장 박동의 빠르기와

거의 같기 때문에, 1분 동안 뛰는 맥박 수를 세면 심장 박동 수를 알 수 있다고."

천재인의 설명을 듣자 온누리는 얼굴이 환해졌다. 그리고 감성빈을 쳐다보며 물었다.

"그럼 감성빈, 이 맥박의 팔딱거리는 속도가 음악의 보통 빠르게와 거의 같은 거지?"

감성빈은 손목의 맥박을 느끼며 고개를 끄덕였다.

"그래. 하지만 또 다른 문제가 있어."

"뭔데?"

"내 맥박의 빠르기에 맞추려면 계속 손목을 잡고 있어야 하잖아. 연주는 무슨 손으로 해?"

"음……. 그것도 그러네."

"메트로놈처럼 빠르기가 눈에 보이면 좋겠는데……."

중얼거리는 감성빈의 말에 천재인이 손뼉을 쳤다.

"눈에 보이면 된다는 거지? 그러면 이렇게 하자. 내가 내 맥박에 맞춰서 발을 까딱거릴게. 그러면 너는 내 발을 보고 그 빠르기로 피리를 연주하는 거야. 그러면 보통 빠르게로 연주되겠지?"

"좋은 생각이다!"

"시간이 얼마 남지 않았어. 얼른 시작하자."

온누리의 말에 천재인은 바로 의자에 앉아 맥박에 맞추어 발을 까딱거렸다. 그리고 감성빈은 천재인의 발을 보며 빠르기를 익혔다. 어느 정도 익숙해지자, 감성빈이 자판 위에 손을 올리며 말했다.

"이제 시작한다!"

감성빈이 자판을 누르자 아바타도 피리를 불기 시작했다. 그러자 으르렁거리던 괴물이 귀를 쫑긋거렸다. 온누리는 가슴이 마구 두근거리기 시작했다.

'성공인가?'

그런데 그 순간, 갑자기 괴물이 몸을 일으키더니 무섭게 달려들었다. 한 소절도 채 연주하지 못하고 아바타는 또다시 공격당하고 말았다.

"어떡해! 더 많이 다쳤어!"

감성빈은 크게 다친 아바타의 모습에 울 것 같은 표정을 지었다. 천재인도 속이 많이 상했는지 의자에서 벌떡 일어났다.

"이제 3분밖에 안 남았어. 뭐가 잘못됐지? 감성빈, 보통 빠르게가 심장 박동 수와 같다는 거, 정확한 정보야?"

"뭐라고? 내가 아는 정보가 틀렸다는 거야? 그건 확실해! 틀릴 리가 없다고. 그보다 네가 맥박을 잘못 잰 거 아냐? 발 까딱거리는 게 늦은 거 아니냐고."

천재인과 감성빈은 서로를 탓하며 맹렬히 싸웠다. 그 모습은 모니터 속의 무서운 괴물과 다를 바 없었다. 온누리는 두 아이의 싸움을 어떻게든 말려야 했다.

"얘들아, 진정해. 응? 이럴 시간이 없어. 이제 몇 분 안 남았다고. 여기까지 잘해 왔으니까 마지막도 잘해 보자. 응?"

하지만 감성빈은 더욱 화가 나는 듯 씩씩거리며 소리쳤다.

"천재인은 늘 자기만 잘났다고 생각하고 남을 무시하잖아. 내가 과학이나 사회는 잘 몰라도 음악, 미술, 체육에 있어서는 천재인보다 훨씬 뛰어나다고!"

"그래, 그건 천재인도 알고 나도 알아. 그러니까 워워~, 흥분을 좀 가라앉혀 봐. 흥분하면 아는 것도 생각이 안 나잖아."

그때였다. 천재인이 충격을 받은 듯 의자에 털썩 주저앉았다.

"흥분? 그래, 그거야. 흥분! 괴물이 달려든 이유는 우리가 흥분했기 때문이야."

천재인이 알 수 없는 말을 중얼거리자 감성빈이 온누리를 쳐다보며 어깨를 으쓱했다.

"쟤가 지금 뭐라는 거야?"

"나도 잘 모르겠어."

하지만 천재인은 더욱 이상한 행동을 하기 시작했다. 의자에 앉아 눈을 감고 심호흡을 하기 시작한 것이다. 온누리는 덜컥 겁이 나 천재인에게 다가갔다.

"천재인, 너 괜찮니? 어디 아파?"

"난 괜찮아. 잠깐만 시간을 줘."

그 뒤, 천재인은 약 1분 동안 차분히 심호흡을 했다. 진지한 천재인의 모습에 온누리와 감성빈도 조용히 숨을 죽인 채 기다렸다. 천재인은 곧 눈을 감은 채 손목의 맥박을 재기 시작했다.

"됐다. 아까보다 확실히 느려졌어."

그제야 궁금증을 이기지 못하고 감성빈이 말을 걸었다.

"천재인, 너 뭐 하는 거야?"

천재인은 눈을 뜨고 감성빈과 온누리를 번갈아 쳐다보았다. 두 아이의 눈에 천재인의 얼굴은 매우 차분하고 평온해 보였다. 목소리 또한 마찬가지였다.

"아까 온누리가 흥분을 가라앉히라는 말을 듣고 깨달았어. 우리 모두 놀라고 긴장해서 심장 박동 수가 빨라져 있었다는 걸."

감성빈도 뭔가 깨달은 듯 무릎을 탁 쳤다.

"그래서 빠르기가 달라졌구나!"

"지금 우리는 미션을 해결하면서 긴장하고 스트레스를 받았잖아. 게다가 아까 괴물이 갑자기 아바타를 공격하는 바람에 놀라기도 했고. 그럴 땐 교감 신경이 자극을 받아 심장이 빠르고 불규칙하게 뛰게 돼. 그걸 모르고 그 박자에 맞춰 연주했으니 보통 빠르게가 아니었던 거지."

그제야 온누리도 천재인이 왜 눈을 감고 심호흡을 했는지 이해했다. 온누리는 천재인을 유심히 쳐다보며 다시 물었다.

"그럼 지금은 어때? 심장 박동 수가 정상으로 돌아왔어?"

"응. 지금의 심장 박동 수에 맞추면 우리는 분명히 괴물을 잠재우고 동굴 밖으로 나갈 수 있을 거야. 감성빈, 우리 다시 해 보자."

"좋아. 시작해!"

천재인은 다시 눈을 감고 심호흡을 했다. 그리고 손목의 맥박에 맞추어 발을 까딱거리기 시작했다. 감성빈은 온누리와 잠시 눈빛을 교환한 뒤, 천재인의 발에 집중했다.

"하나, 둘, 셋, 넷, ……."

감성빈은 준비가 된 듯, 자판을 눌러 다시 한 번 모차르트 자장가를 연주했다. 이번 연주는 온누리가 듣기에도 그전 연주보다 훨씬 차분하고 감미로웠다.

'됐다. 이번엔 확실해!'

온누리의 예상대로 동굴 앞에서 으르렁거리던 괴물은 조금씩 얌전해지기 시작했다. 그리고 연주가 계속되자 스르르 눈을 감더니 그 자리에 엎드리는 것이 아닌가?

"괴물이 잠들었어!"

온누리는 소리치고 싶은 마음을 꾹꾹 누른 채 조용히 속삭였다. 그러자 천재인이 눈을 뜨고 모니터를 바라보았다.

"됐어. 지금이야! 얼른 동굴 밖으로 나가자!"

천재인의 말에 온누리가 얼른 마우스를 잡고 아바타를 움직였다. 아바타는 빛이 가득한 동굴 출구로 향했다. 그리고 마침내, 빛이 쏟아지는 동굴 밖으로 나갔다. 그러자 화면 전체가 하얗게 변하며 색색의 종이와 꽃잎이 날아다니기 시작했다. 곧이어 하얀 화면에 메시지가 선명하게 나타났다.

'멋진 연주로 사나운 괴물을 잠재웠군요. 세 번째 미션도 성공한 온누리, 감성빈, 천재인 어린이, 본선에 진출하게 되었습니다. 진심으로 축하합니다!'

멍하니 모니터를 바라보던 아이들은 심하게 다쳤던 아바타가 멀쩡한 모습으로 나타나자 그제야 만세를 불렀다.

"만세! 우리가 해냈어. 예선을 통과했어."

온누리는 감성빈과 천재인을 껴안으며 폴짝폴짝 뛰었다. 감성빈은 눈물까지 보이며 훌쩍였다.

"정말 다행이야! 정말 멋져!"

천재인도 이 순간만큼은 냉정한 표정을 거두고 두 아이와 함께 폴짝폴짝 뛰면서 기뻐했다. 지금껏 보지 못한 환한 미소를 지으며 말이다. 하지만 곧 이성을 되찾은 듯, 자신을 껴안고 있는 두 아이를 슬그머니 밀어냈다.

"흠흠, 뭐 이 정도 가지고. 겨우 예선을 통과한 것뿐이야."

다시 제 모습으로 돌아온 천재인과 여전히 기쁨에 겨워하는 감성빈. 두 아이를 보며 온누리는 왠지 모를 행복함과 뿌듯함을 느꼈다. 온누리는 이 기분을 마음껏 즐기기로 결심했다.

"우리 나가자."

갑작스러운 온누리의 제안에 감성빈이 눈을 동그랗게 뜨며 물었다.

"어딜?"

"예선 통과도 축하하고 단합 대회도 해야지. 내가 쏠게. 피자 먹으러 가자!"

온누리의 제안에 천재인도 배가 고팠는지 군침을 삼키며 찬성했다.

"오, 좋아!"

감성빈은 천재인보다 열 배는 더 기뻐하며 두 아이의 손을 잡고 이렇

게 외쳤다.

"온누리 멋져! 천재인도 멋져! 나는 진짜진짜 멋져! 우리 꼭 서바이벌 킹이 되자!"

"당연하지!"

온누리와 천재인의 외침이 쩌렁쩌렁 울려 퍼졌다.

요건 몰랐지?

간이 아니라 심장이 피를 전달한다고?

옛날 사람들은 심장이 호흡을 담당하는 기관이라고 생각했어. 또, 간에서 음식물을 피로 바꾸어 온몸으로 전달하고, 그 피는 심장에서 없어진다고 생각했지. 하지만 영국의 의사인 윌리엄 하비는 피가 심장이 뛰는 힘으로 온몸을 돌며, 없어지지 않고 다시 쓰인다는 가설을 세웠어. 그리고 이를 증명하기 위해 여러 연구를 했지.

그는 수많은 해부를 통해 심장이 펌프처럼 움직여서 피를 내보낸다는 사실을 알아냈어. 또한, 자기의 팔 위쪽을 끈으로 꼭 묶었더니 팔 아래쪽 혈관이 부풀어 오르면서 피가 통하지 못하는 것을 보고, 피가 혈관을 따라 흐른다는 것을 알았지. 게다가 피가 매일 없어지면 매일 몸무게의 100배에 달하는 양의 피를 만들어야 한다는 계산이 나왔지 뭐야. 그래서 하비는 피가 심장이 뛰는 힘으로 혈관을 따라 온몸을 돈다고 주장했어.

음악의 빠르기

음악의 빠르기

음악의 빠르기는 전체 음악의 완성도를 판가름하는 중요한 요소 중 하나야. 아무리 연주를 잘하거나 잘 짜여진 음악이라도 너무 빠르거나 너무 느리면 좋은 연주라고 할 수 없지. 그래서 수학에서 1cm나 1m가 길이를 재는 기준이 되듯, 음악에서도 빠르기의 기준을 만들었어. 그 기준이 된 것은 바로 사람의 심장 박동 수였어. 이를 기준으로 빠르고 느린 속도를 정한 거지. 그 뒤, 1800년대 초에 박자를 세는 기계인 '메트로놈'이 탄생하면서, 연주할 때 일정한 빠르기를 더 쉽게 유지할 수 있게 되었어.

빠르기를 나타내는 빠르기말

악보의 첫머리에서 'Moderato', 'Andante'와 같은 기호를 본 적이 있을 거야. 이건 빠르기를 나타내는 빠르기말이야.

매우 느리게 (라르고) ♩=40
느리게 (안단테) ♩=69
조금 느리게 (안단티노) ♩=76
보통 빠르게 (모데라토) ♩=90

그렇다면 빠르기말에는 어떤 것이 있을까? '매우 빠르게(Presto, 프레스토)', '빠르게(Allegro, 알레그로)', '조금 빠르게(Allegretto, 알레그레토)', '보통 빠르게(Moderato, 모데라토)', '조금 느리게(Andantino, 안단티노)', '느리게(Andante, 안단테)', '매우 느리게(Largo, 라르고)' 등이 있어. 빠르기말은 1분 동안 기준 박자인 사분음표(♩)를 몇 번 연주하는 빠르기인지를 정해 숫자로 나타내게 되어 있어. 예를 들어 '보통 빠르게'는 1분 동안 사분음표를 90번 정도 연주하는 빠르기(♩=90)야.

이 빠르기말은 보통 곡 전체의 빠르기를 나타내는데, 악보 중간에 있으면 조금 다른 뜻이 돼. 만일 악보 첫머리에 'Andante'라고 되어 있다가 중간에 'Moderato'라고 적혀 있다면, 이는 느리게 연주하다가 'Moderato'가 적힌 부분부터는 보통 빠르게로 연주하라는 뜻이지.

조금 빠르게
(알레그레토)

빠르게
(알레그로)

매우 빠르게(프레스토)

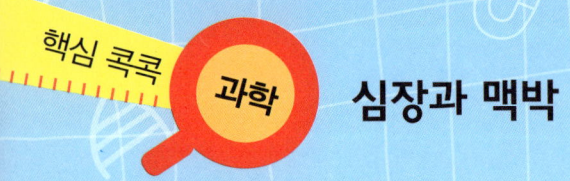

심장과 맥박

심장의 움직임은 대단해!

심장은 주먹만 한 크기로, 가슴 중앙에서 약간 왼쪽으로 치우친 곳에 있어. 심장은 펌프처럼 움직여 피를 온몸으로 순환시키며, 피는 몸에 필요한 산소와 영양소를 운반해. 피가 혈관을 따라 온몸을 거친 다음, 다시 심장으로 되돌아가는 과정을 '혈액 순환'이라고 하지.

피가 흐르는 통로인 '혈관'은 동맥, 정맥, 모세 혈관으로 이루어져 있어. '동맥'은 심장에서 나온 피가 지나는 길이고, '정맥'은 심장으로 들어가는 피가 지나는 길이야. 그리고 '모세 혈관'은 동맥과 정맥을 연결하는 아주 가느다란 혈관이지. 그런데 동맥, 정맥, 모세 혈관을 한 줄로 이으면 약 10만 km나 된대. 그럼에도 혈관을 따라 피가 온몸을 한 번 도는 데 걸리는 시간은 겨우 46초! 정말 대단하지? 이는 잠시도 쉬지 않고 콩닥콩닥 뛰는 심장 덕분이야.

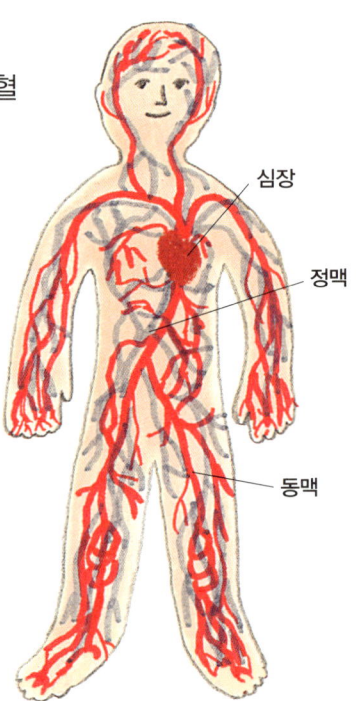

순환 기관

맥박이란?

 오른쪽 둘째, 셋째, 넷째 손가락을 모아서 끝부분으로 왼쪽 손목 안쪽을 지그시 누르면 팔딱팔딱 뛰는 맥박을 느낄 수 있어. 심장은 뛸 때마다 엄청난 힘으로 피를 밀어내는데, 그 피가 혈관의 벽에 닿으면서 혈관이 규칙적으로 떨려. 그 떨림을 '맥박'이라고 해. 맥박은 손목이나 목 중간처럼 피부가 얇은 곳에 있는 혈관을 통해 느낄 수 있어. 맥박 수는 심장 박동 수와 거의 같기 때문에, 심장 박동 수를 재려면 맥박 수를 세면 돼. 보통 때 맥박 수는 나이에 따라 조금씩 달라. 어른의 맥박 수는 1분에 60~80번이야. 어린이는 1분에 90~100번, 갓난아기는 1분에 120~140번 정도지.

 그런데 운동을 하고 난 뒤에는 맥박이 보통 때보다 빨리 뛴다고 느꼈을 거야. 왜일까? 운동을 하면 몸에 산소와 영양분이 더 필요해지기 때문에, 피가 빨리 돌아서 몸에 산소와 영양분을 더 빨리 전달해야 하지. 그래서 피가 빨리 돌 수 있도록 심장이 빨리 뛰고, 그래서 맥박이 빨리 뛰는 거야. 또, 무섭거나 긴장할 때에도 맥박이 빨라지는데, 이는 스트레스나 긴장 때문에 교감 신경이 자극을 받아 심장을 빨리 뛰게 만들기 때문이래.

찾아보기

ㄱ
고체 42
기체 42
기호 100

ㄷ
동맥 134
등고선 88, 101

ㄹ
리트머스 종이 92, 103

ㅁ
맥박 119, 135
메트로놈 116, 132
명도 70
모세 혈관 134
무채색 70
물 34, 42

ㅂ
반대색 71
방위 85
버드나무 69
보일, 로버트 99
보통 빠르게 115
빠르기 115, 132
빠르기말 115, 132

ㅅ
산 102
상태 변화 34, 42
색 70
색상 70
색의 삼원색 63, 71
색의 혼합 71
선택 기준 41
수증기 34, 42
식물의 이용 72
심장 119, 134

ㅇ
아스피린 69
액체 42
얼음 34, 42
열의 이동 43
염기 102
염료 식물 66, 73
유채색 70
이글루 39
이누이트 족 39
이순신 69

ㅈ
정맥 134
지도 85, 100
지시약 92, 99, 103

ㅊ
채도 70

ㅍ
페놀프탈레인 용액 92, 103
피 134

ㅎ
하비, 윌리엄 131
현명한 선택 27, 40
혈관 134
혈액 순환 134